T0002858

Selección de CACTUS

Y PLANTAS SUCULENTAS

Nuria Penalva

LIBSA

© 2021, Editorial LIBSA
C/ San Rafael, 4 bis, local 18
28108 Alcobendas, Madrid
Tel. (34) 91 657 25 80
e-mail: libsa@libsa.es
www.libsa.es

ISBN: 978-84-662-3915-8

COLABORACIÓN EN TEXTOS: Nuria Penalva y equipo editorial Libsa
EDICIÓN: equipo editorial Libsa
DISEÑO DE CUBIERTA: equipo de diseño Libsa
MAQUETACIÓN: Pilar Bermejo Arce y equipo de maquetación Libsa
DOCUMENTACIÓN Y FOTOGRAFÍAS: archivo Libsa

INTRODUCCIÓN

Conviene saber que todos los cactus son plantas suculentas, pero no son cactus todas las suculentas. Este es un detalle a tener en cuenta porque es habitual la confusión de cactus con ciertas plantas del género *Euphorbia* y de la familia de las asclepiadáceas con características cactiformes. En este caso hay dos claves para diferenciarlos: una, los cactus no segregan látex ante un corte; y dos, los cactus presentan areolas. Además, únicamente los cactus pertenecen a la familia de las cactáceas.

Euphorbia neriifolia

Adaptabilidad es la clave de los cactus y las plantas protagonistas de esta guía. Y es que sobrevivir en unas condiciones ambientales extremas, como son la sequedad y el calor, requiere desarrollar sistemas de adaptación relativamente complejos de los cuales cactus y suculentas hacen gala. Este tipo de plantas recibe el nombre de **xerófitas**, es decir, **plantas que pueden soportar condiciones de extrema sequedad con altas temperaturas** porque poseen características de adaptación que minimizan la pérdida de agua.

De entre las plantas xerófitas, podemos encontrar las siguientes adaptaciones estructurales:

- Tallos y hojas suculentas con **capacidad de almacenamiento de agua** en parénquimas especiales (como sucede en euforbias y aloes). En estas plantas es normal la presencia de hojas con espinas u hojas transformadas completamente en espinas o escamas con el objeto de reducir la pérdida de agua por transpiración

Cylindropuntia rosea

Mammillaria flavescens nivosa

(cactus). La fotosíntesis en estas plantas es realizada en los tallos (cactus, euforbias).

• Tallos leñosos y hojas rígidas, revestidas de ceras o tricomas (pelos) que facilitan la **reflexión de la radicación solar**, evitan pérdidas de agua y aumentan la capacidad de captación de agua procedente de la humedad ambiente (niebla, rocío). En algunos casos, los peciolos pueden ser flexibles alterando el ángulo de exposición al sol, lo que permite a la hoja ofrecer menos superficie de exposición (olivos, mirtos).

• **Raíces largas** que permiten la captación de agua a mucha profundidad (recurso de gran parte de las plantas leñosas y arbóreas).

Por su distribución, estas plantas se encuentran en su mayoría en regiones cálidas, áridas, semidesérticas y desérticas, pero también en tropicales, donde hallamos cactus epífitos, por lo general sin espinas, adaptados a una mayor humedad. Sin embargo, la xericidad es el mayor problema con el que tienen que lidiar estas plantas, de modo que las espinas y la suculencia (adaptaciones enumeradas anteriormente) son lo más llamativo de las especies que tratamos en esta guía. Además de reducir la pérdida de agua en este tipo de plantas, las **espinas** sirven en los cactus para la absorción del rocío y de la niebla. Es una estrategia para conseguir agua donde prácticamente no la hay. Por otro lado, la **suculencia** ofrece a las plantas xerófitas la capacidad de almacenar agua en las cortas épocas de lluvia de las zonas áridas, y la reservan para periodos de escasez, por lo general prolongados.

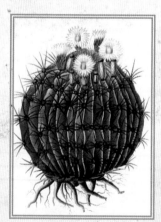

Cylindropuntia rosea

Pero, ¿dónde reservan el agua? La mayoría **reserva el agua en tejidos acuíferos especiales** que se hallan en los tallos (cactus) y en las hojas (ágaves, crasulaceas), a más o menos profundidad de las capas dérmicas (*Tillandsia* en la epidermis, y *Aloe* y *Mesembryanthemum* en el parénquima), mientras que otras especies desarrollan estructuras suculentas bajo el suelo: bulbos, rizomas, tubérculos (asclepiadáceas).

Cactáceas versus suculentas

Tras analizar los detalles diferenciadores entre cactus y plantas suculentas, las estudiamos en profundidad. Las cactáceas, unas 1.800 especies, son casi exclusivamente vegetales del Nuevo Mundo; se encuentran cactus desde el sur de Canadá hasta el sur de Sudamérica, aunque existe una especie africana (*Rhipsalis baccifera*). Tienen suculentos sus tallos, que pueden ser columniformes, aplanados o esféricos, con costillas longitudinales o con protuberancias (tubérculos). Estos tallos puede ser rastreros o erectos y elevarse por encima de los 15 m (*Carnegiea gigantea*) o asomar tan solo unos centímetros por encima del suelo. Poseen casi siempre espinas foliares de diverso tamaño, longitud y color, que emergen de unas estructuras exclusivas de los cactus: las areolas. Estas son como almohadillas de las que surgen las flores y las espinas y que además desarrollan una vellosidad lanosa. Solo existe un género que conserva hojas normales (*Pereskia*) y que nacen de las areolas. Las flores son sésiles y poseen un perianto con gran número de piezas: tépalos con aspecto sepaloide y petaloide, numerosos estambres y estigma lobulado. Son enormes en proporción al tallo y muy vistosas. El fruto suele ser una baya semiesférica y carnosa.

Phyllocactus victoria regia

Opuntia polyantha Haw.

Tafel 75.

Numerosas utilidades

Las extrañas formas y belleza de sus flores, así como su resistencia y sencillo mantenimiento hacen que las plantas suculentas despierten pasiones entre jardineros y coleccionistas. Pero también esconden otras muchas cualidades por las que son apreciadas en muchos otros ámbitos.

- **SON PLANTAS COLONIZADORAS.** Crecen allí donde no parece que pueda desarrollarse nada, proporcionando alimento y cobijo a otras muchas especies y creando ecosistemas estables en ambientes extremos.

- **AYUDAN A FIJAR EL SUELO.** Algunas suculentas son tapizantes, es decir, crecen en terrenos pedregosos con poco suelo y se expanden densamente, por lo que ofrecen una cobertura vegetal para sujetar taludes y terrenos erosionados.

Echinocereus poselgeri

- **AHORRAN AGUA.** Un bien tan preciado como el agua tiene mucho valor allá donde escasea. Este tipo de plantas de parcas necesidades hídricas son ideales para jardines xerófilos en zonas cálidas y de bajas precipitaciones.

- **PROPORCIONAN ALIMENTO.** Los frutos de chumberas y pitayas sirven de alimento para hombres y animales. Algunas plantas son utilizadas como forraje.

- **SIRVEN DE DEFENSA.** Pitas o chumberas proporcionan barreras naturales para hacer cercados.

- **TIENEN PROPIEDADES MEDICINALES.** Plantas como el *Aloe vera* se emplean tanto en cosmética como en productos farmacéuticos.

- **SUMINISTRAN MATERIA PRIMA PARA HACER UTENSILIOS.** Los tallos leñosos de algunas cactáceas abastecen de madera; las hojas fibrosas de ágaves o yucas proporcionan fibras para tejer, hacer cuerdas, acolchar, etc.

Cactus y plantas suculentas de la A a la Z

Acanthocereus tetragonus

PITAHAYA, CRUCETA, CACTUS TREPADOR

Familia: Cactaceae. **Subfamilia:** Cactoideae.
Tribu: Pachycereeae. **Origen:** zona del Caribe.
Hábitat: regiones cálidas, bosques secos, áreas
rocosas, acantilados y ecosistemas costeros.

Características

Acanthocereus tetragonus

Tallo: tiene desarrollo columnar y arbustivo, pero
también trepador, aunque las ramas más desarro-
lladas se arquean y crecen postradas. Puede
alcanzar los 2-3 m de altura. **Espinas:** las areolas
están separadas unos 2 cm entre sí. **Flores:** alcanzan de 14 a 20 cm gracias a su largo
tubo basal. Las flores, blancas, se abren durante la noche y suelen ser polinizadas por
murciélagos. **Fruto:** es oblongo y espinoso; va del rojo al rojo-
fucsia al madurar. Los frutos dulces son
comestibles. **Floración:** al final del verano.

Cultivo. Tolera una exposición directa al sol a primera hora de la mañana o última de la tarde. Aguanta
bien la sequía, pero necesita riego cada cuatro o cinco
semanas. En invierno es preferible mantener la planta a
unos 15 °C. Puede propagarse por semillas y por esquejes de los tallos.

Curiosidades. Los tallos juveniles son
comestibles y se preparan como verdura, y
en infusión poseen propiedades diuréticas.

Aeonium canariense

GÓNGARO CANARIO, BEJEQUE CANARIO

Familia: Crassulaceaee. **Subfamilia:** Sempervivoideae. **Origen:** Islas Canarias (España).
Hábitat: endemismo de las Islas Canarias, se encuentra en la Gomera en acantilados y
suelos volcánicos entre los 300 y 900 m.

Características

Tallo: tallo corto y fuerte de unos 30-40 cm, erecto, poco ramificado, con densas rosetas
aplastadas en el extremo apical. **Hojas:** son crasas, de color verde brillante, vellosas y de
forma obovada, de 10-25 cm de largo y 3-12 cm de ancho. La base es más estrecha ensan-
chándose hacia el ápice, que es redondeado y con el extremo mucronado. Las hojas
inferiores se van cayendo a medida que envejecen, dejando el tallo desnudo. **Flores:** de las
rosetas surge una inflorescencia de unos 30-45 cm de largo
de la que penden ocho o diez ramilletes con
pequeñas flores blanco verdosas. **Floración:**
desde mediados de invierno a primavera.

CULTIVO. Apta para cultivo exterior e
interior. Se adapta bien tanto a espacios
soleados como en sombra. Necesita
un riego moderado. Se reproduce
con facilidad mediante esquejes de
un fragmento de tallo con roseta.

**Aeonium
canariense**

CURIOSIDADES. Es una planta muy apreciada para decorar rocallas,
taludes, escarpados, que también crece bien en interiores.

Aeonium spathulatum

Aeonium spathulatum

BEJEQUILLO CANARIO

Familia: Crassulaceae. **Subfamilia:** Sempervivoideae. **Origen:** Islas Canarias (España). **Hábitat:** endemismo canario que crece en La Palma, Tenerife, La Gomera desde 250 a 2.500 m de altitud.

Características

Tallo: pequeña planta arbustiva con tallos finos de 15-30 cm de largo, sobre los cuales se disponen rosetas diminutas compuestas de hojas cortas y anchas. Con los años los tallos se vuelven leñosos y la planta produce muchas más rosetas. **Hojas:** pequeñas (unos 3 cm de largo), imbricadas, con forma de espátula y poco carnosas, de color verde y con ligera tonalidad bronce. Al tacto son pegajosas debido a las glándulas lineares que posee en el envés. El borde de la hoja está recorrido por una vellosidad corta y blanca. **Flores:** de entre las rosetas surgen las inflorescencias. Numerosas flores de color amarillo intenso que brotan sobre un fino vástago de color rojo, recorrido por pequeñas hojas rojizas dispuestas de forma alterna. **Floración:** al final de la primavera.

CULTIVO. Le gusta estar al aire libre a pleno sol o parcialmente a la sombra. También se adapta bastante bien al cultivo de interior en maceta. Aguanta temperaturas de -7 °C, solo si es por poco tiempo, ya que su temperatura óptima está por encima de los 7 °C.

Detalle de la flor y las hojas

Es resistente a la sequedad y muy apropiada para jardines xerófilos. Necesita un sustrato suelto, arenoso y siempre mezclado con mantillo. Se multiplica a partir de hojas de la roseta, y también por esquejes del tallo.

CURIOSIDADES. En los ejemplares que reciben más exposición solar, las hojas adquieren un color rojizo que disminuye a medida que nos acercamos al centro de la roseta.

Aeonium spathulatum

Agave sp.

ESPECIES DE AGAVE

Agave americana

Familia: Asparagaceae. **Subfamilia:** Agavoideae **Origen:** México, aunque se extienden desde el sur de Estados Unidos hasta Bolivia y ha sido introducida en las zonas templado-áridas del resto del mundo. **Hábitat:** hay más de 200 especies con una gran variedad de formas y estrategias de vida. Crecen en planicies desérticas, montañas, acantilados o dunas costeras entre los 1.000 y 2.000 m de altitud.

Características

Tallo: son plantas perennes que forman una gran roseta en torno a un tallo leñoso por lo general muy corto y robusto, aunque en algunas especies puede alcanzar 3 m de longitud, siendo erecto o también postrado. **Hojas:** carnosas y fibrosas. Su forma varía de triangular a lanceolada u ovada, con la base muy engrosada y acabadas en una punta muy afilada. Su color varía del verde intenso al glauco y amarillo. **Flores:** del centro de la roseta surge una inflorescencia descomunal en comparación con el tamaño de la planta. El pedúnculo floral puede llegar a los 10 m de longitud en las especies más grandes, y las flores pueden presentarse en espigas, racimos o panículas. Las flores son tubulares, blanquecinas, verde amarillentas o amarillas. La planta tiene un crecimiento muy lento y madura al cabo de varios años. Muchas de las especies son monocárpicas, es decir, solo florecen una vez y tras la maduración del fruto toda la planta muere. **Fruto:** cápsula seca trilocular que alberga numerosas semillas negras y aplanadas.

CULTIVO. Son plantas resistentes que se adaptan bien a condiciones extremas. Por su gran tamaño, en general son apropiadas para el cultivo en jardines de exterior. Requieren suelos bien drenados y muy soleados. Son muy tolerantes a la sequía, por lo que solo necesitan riego moderado en verano. Se propagan bien por semillas y por clones que surgen de la base de la roseta.

Agave americana
PITA, MAGÜEY

Carece de tallo visible. Las hojas, sésiles, surgen del suelo formando una roseta que puede alcanzar grandes proporciones. Las hojas son verde grisáceas, lanceoladas, con el borde repleto de espinas de unos 3 cm, y acabadas en un ápice largo y muy punzante. Pueden alcanzar 15-30 cm de ancho y más de 1 m de largo. Florece a los 10-30 años, a mediados de verano, dando numerosas flores amarillas, de unos 5 cm, que surgen de una vara floral que puede alcanzar 8 m de altura. Tras la floración la planta muere. Es una planta muy resistente que necesita suelos bien drenados y soleados. Su temperatura ideal está entre los 20 y 30 °C.

Agave difformis
AGAVE DIFFORMIS

Agave difformis

Presenta un tallo corto subterráneo. Las hojas suculentas crecen en vertical y pueden alcanzar 40-80 cm de longitud y de 3 a 5 cm de ancho. Las rosetas son abiertas con bastante espacio entre las hojas y pueden llegar a tener un diámetro de 45 a 150 cm. La hoja, verde oscura, presenta en el haz una banda central de color crema; por el envés es de color verde amarillento salpicada de delgadas rayas de color verde oscuro. El margen de

CURIOSIDADES. Sus rosetas punzantes sirven para establecer cercados; de sus hojas se sacan fibras textiles, y del procesado de su pulpa se elaboran licores (pulque, mezcal y tequila).

Agave fourcroydes

la hoja está lleno de dientes afilados de 0,5-1 cm de largo y con una separación de 2 cm entre ellos. Las flores miden 3-4 cm y son tubulares y de color amarillo verdoso. Se trata de una planta resistente y robusta que puede soportar las heladas moderadas. Aunque su temperatura mínima está en 10 °C.

Agave fourcroydes
HENEQUÉN

Puede desarrollar un tronco de hasta 1,7 m de altura. Sus hojas, de 1-2 m de longitud, son estrechas, de 8-13 cm de ancho y lanceoladas, de color verde grisáceo y con dientes oscuros en el margen de unos 2 cm de largo. Todas las hojas acaban en una espina rígida y fina, de 5 cm y de color marrón oscuro. Las inflorescencias pueden llegar a alcanzar 5-10 m de altura y surgen a los 8-15 años de la planta, aunque puede vivir hasta los 30 años. Es resistente y robusta, soporta largos periodos de sequía y temperaturas altas. Necesita suelo permeable.

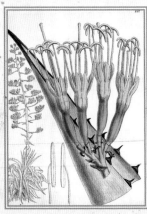

Agave granzosinii

Agave granzosinii
AGAVE GRANZOSINII

Planta de gran porte, de unos 3 m de altura. Las hojas, lanceoladas que alcanzan los 2-3 m de longitud son glaucas, de color gris azulado y están bordeadas de finos y cortos dientes rojos. Son cóncavas hacia la base y terminan en una espina apical de 4-6 cm también rojiza y abierta. La planta puede tardar en madurar 20 años y la inflorescencia alcanza los 12 m de altura. Las flores son amarillas de 3,5-4,5 cm de largo. Es resistente a la sequía y a temperaturas de 7-10 °C.

Agave scabra

Agave scabra

MAGÜEY CENIZO, AGAVE DEL CIELO

Planta de tallo imperceptible con rosetón robusto de 1,20 m de altura y 1,8-2,4 m de diámetro. Las hojas largas y anchas de tonalidad verde azulada a gris son llamativas y poseen el envés áspero. Cóncavas en toda su superficie y con márgenes bien armados de dientes retorcidos de color púrpura, y espina terminal de 6 cm de largo. La inflorescencia puede llegar a los 4 m. Debe plantarse en un suelo suelto con buen drenaje y en una posición soleada. Regar una vez al mes. Es resistente al frío y puede soportar heladas cortas. Su tamaño más pequeño hace posible que se adapte al crecimiento en maceta, pero se desarrollará mejor en un jardín exterior.

Agave warelliana

AGAVE WARELLIANA

El rosetón robusto, denso y sin tallo apreciable está formado por hojas suculentas, lanceolado-espatuladas, de color verde glauco, de 50-70 cm de largo y 8-15 cm de ancho. Con margen recto de color marrón rojizo y recorrido por numerosos dientes de 1-2 mm de largo. La inflorescencia se encuentra en una vara de 4-5 m de largo densamente bracteada. Las flores tubulares, que miden de 4,5-5 cm de largo, son de color amarillento o rojizo.

Agave warelliana

Aloe arborescens

PLANTA PULPO, CANDELABRO

Aloe arborescens

Familia: Xanthorrhoeaceae. **Subfamilia:** Asphodeloideae. **Origen:** Sudáfrica. **Hábitat:** áreas desérticas de la costa suroriental africana. Se encuentra en suelos expuestos y pobres, rocosos o arenosos, y a diversas altitudes.

Características

Tallo: esta planta suculenta se dispone en rosetas sobre un tallo leñoso y largo que puede alcanzar 4 m de altura. Por lo general tiene un desarrollo arbustivo y puede formar masas de plantones de 4 m de ancho. **Hojas:** crecen en roseta alrededor del tallo. Son largas (de unos 60 cm), lanceoladas y carnosas que se curvan hacia abajo en la punta. De color verde ceniciento y con dientes espinosos en el borde. **Flores:** de la roseta sale una inflorescencia en forma de vara larga de unos 60 cm, tocada en su extremo superior con un racimo de flores columnares de colores rojos y anaranjados. **Floración:** se produce siempre a finales de invierno y primavera. **Fruto:** las cápsulas alargadas trivalvas albergan numerosas semillas.

CULTIVO. El candelabro gusta de suelos ligeros, con buenos drenaje y exposición solar, aunque se adapta bastante bien a la semisombra. Prefiere las temperaturas altas, 18 °C de media y puede resistir el frío con temperaturas cercanas a bajo cero, pero por poco tiempo. Se multiplica mediante esquejes del tronco, brotes o por las plántulas que aparecen en la base. La reproducción por semillas requiere una temperatura de germinación próxima a los 20 °C.

Detalle de la flor

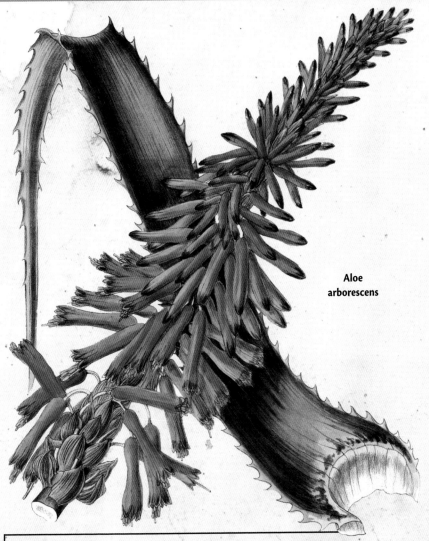

Aloe
arborescens

CURIOSIDADES. Gracias a su jugo rico en glucósidos y compuestos antraquinónicos (aloína), el candelabro es utilizado como remedio medicinal para la cicatrización de heridas, alivio de quemaduras, tratamiento antiinflamatorio y regulador del funcionamiento hepático. Su jugo reduce los efectos secundarios de la quimioterapia.

Aloe brevifolia

ALOE DIENTE DE COCODRILO

Aloe brevifolia

Familia: Xanthorrhoeaceae. **Subfamilia:** Asphodeloideae. **Origen:** Sudáfrica. **Hábitat:** suelos arcillosos y rocosos a unos 150 m de altitud.

Características

Tallo: es una especie de aloe enano en la que el tallo es imperceptible, ya que las hojas sésiles de esta suculenta forman una pequeña roseta basal muy compacta y apretada, de unos 10-30 cm de diámetro y que puede llegar a los 90 cm de altura en ejemplares adultos. **Hojas:** muy carnosas, triangulares y lanceoladas; miden 7,5 cm de largo y 2,5 cm de ancho, con numerosos dientes espinosos blancos en su borde. Las hojas de color verde grisáceo, casi azuladas, presentan un haz plano y un envés cóncavo. **Flores:** el tallo floral, de unos 40 cm, emite unas llamativas flores tubulares rojo anaranjadas de 3-4 cm. **Floración:** finales de primavera.

CULTIVO. Siempre necesita exposición total al sol, aunque tolera semisombra en un suelo bien drenado. Requiere cierta humedad, pero los riegos deben ser moderados. No pueden aguantar heladas prolongadas por debajo de -4 °C. Se propaga mediante los retoños que nacen en la base de la planta.

CURIOSIDADES. Con mucho sol las puntas de las hojas se ponen rojizas.

Aloe ferox
ALOE DEL CABO

Familia: Xanthorrhoeaceae. **Subfamilia:** Asphodeloideae. **Origen:** Provincia del Cabo (Sudáfrica). **Hábitat:** llanuras semiáridas y pendientes rocosas de montañas del oeste sudafricano.

Características

Tallo: largo y grueso, puede alcanzar los 3 m de altura; de él salen las hojas largas y sésiles que se concentran en la parte apical formando una corona. A medida que crece, las hojas más antiguas se secan y caen.
Hojas: carnosas, lanceoladas y muy largas, de 1 m, de color verde glauco. **Flores:** las numerosas flores se producen agrupadas a lo largo de más de la mitad de la inflorescencia de 1 m de longitud. Las flores, de 3 cm, son de color naranja brillante, rojas o amarillas con unas manchas más oscuras en el lóbulo interior. **Floración:** final de invierno.

CULTIVO. Es perfecta para el exterior a pleno sol. Aguanta la sequía y necesita riegos esporádicos en verano. Se propaga bien mediante semillas.

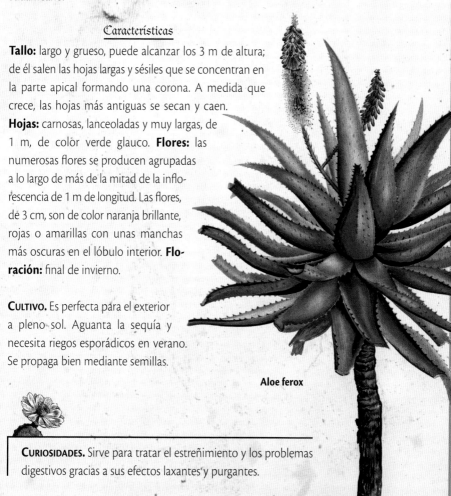

Aloe ferox

CURIOSIDADES. Sirve para tratar el estreñimiento y los problemas digestivos gracias a sus efectos laxantes y purgantes.

Aloe glauca

ALOE AZUL

Familia: Xanthorrhoeaceae. **Subfamilia:** Asphodeloideae. **Origen:** Provincia del Cabo (Sudáfrica). **Hábitat:** crece lentamente en las laderas rocosas de colinas y montañas del sudoeste de El Cabo, entre 200 y 1.300 m de altitud.

Aloe glauca

Características

Tallo: este aloe de tamaño mediano posee un tallo corto que apenas se aprecia, sobre el cual crecen las hojas formando una roseta que llega a alcanzar un altura de 15 a 45 cm. **Hojas:** carnosas, muy anchas y lanceoladas, pueden sobrepasar los 40 cm de longitud. Poseen un color gris azulado debido a la capa cerosa que las recubre y que, a pleno sol, da a la planta una característica tonalidad azul de la que surge su nombre. Al tacto su textura es suave salvo por los márgenes recorridos por afiladas espinas de color cobre. El haz es más o menos plano y el envés, fuertemente convexo.

Flores: las inflorescencias albergan racimos de flores tubulares no muy numerosas, de color rosa y anaranjado. Pueden sucederse varias inflorescencias durante el periodo de floración, del orden de tres a cinco. **Floración:** finales de invierno y primavera.

CULTIVO. Es perfecta para jardines xerófilos, pero adaptable al interior en una maceta con un sustrato bien drenado. Resistente al frío, siempre y cuando se le propor-

Las partes del Aloe glauca

cione un ambiente seco. Tolera sin problemas la aridez, por lo que los riegos en verano pueden ser escasos. Su temperatura óptima de crecimiento está en los 10 °C. Se propaga por esquejes de los tallos herbáceos, mediante la división de rizomas o por esquejes de hojas plantadas en un sustrato arenoso.

Aloe glauca

CURIOSIDADES. Su pulpa es utilizada para cosméticos y medicina natural. La pulpa se puede aplicar directamente sobre la piel para curar pequeños cortes, quemaduras solares, acné, rozaduras y picaduras de insectos.

Aloe maculata
PITA REAL

Aloe maculata

Familia: Xanthorrhoeaceae. **Subfamilia:** Asphodeloideae. **Origen:** Sudáfrica. **Hábitat:** este y oeste de la Provincia del Cabo, en terrenos semiáridos de zonas costeras, aunque también prospera en los suelos rocosos de altitudes mayores.

Características

Tallo: no es un aloe de grandes dimensiones; su tallo llega a medir 30 cm e incluso 1 m en su hábitat natural. De él surge una roseta basal que puede llegar a ocupar unos 40 cm de diámetro. **Hojas:** carnosas, largas, de 15-20 cm de largo, estrechas y marcadamente lanceoladas. Son de color verde con cierta tonalidad rojiza y están salpicadas de manchas de color crema. Los bordes están tocados con una fila de espinas marrones. **Flores:** en su época de floración emite desde el centro de la roseta una larga vara floral con ramificaciones de donde penden los ramilletes que adoptan una forma de globos. **Floración:** a finales de invierno y en primavera, aunque también puede florecer en verano.

CULTIVO. Prospera a pleno sol, aunque es recomendable que se desarrolle en una zona de semisombra. Se adapta bien a las zonas costeras. Y es perfecta también para el interior, donde necesitará una maceta profunda para el desarrollo de sus raíces. Requiere riegos moderados en verano y casi nulos en invierno. Se multiplica mediante los retoños que nacen en su base.

Flor y fruto del Aloe maculata

**Aloe
maculata**

CURIOSIDADES. El gel resultante de su pulpa se utilizaba como jabón en diversas culturas africanas. Tiene propiedades reconstituyentes de la piel, disminuye las arrugas y atenúa las manchas de la epidermis.

Aloe vera

SÁBILA, ALOE DE BARBADOS

Aloe vera

Familia: Xanthorrhoeaceae. **Subfamilia:** Asphodeloideae. **Origen:** norte y este de África. **Hábitat:** lugares rocosos y laderas soleadas de zonas cálidas y semiáridas de África, Europa, Asia y América.

Características

Tallo: tallo muy corto, apenas perceptible. Las hojas carnosas y largas conforman una roseta con las hojas centrales más o menos erectas que pueden alcanzar alrededor de 60 cm de altura. **Hojas:** carnosas y turgentes, lanceoladas, de unos 60 cm de largo y 7 cm de ancho, recorridas en sus márgenes por espinas blancas cortas y afiladas. Su color es verde brillante, aunque en ocasiones es más grisáceo. **Flores:** son tubulares, colgantes y de color amarillo, y crecen a lo largo de una vara floral con forma cónica en la parte apical, que surge desde el centro de la roseta. **Floración:** primavera y verano; en algunas zonas muy cálidas también en invierno.

CULTIVO. Requiere mucha luz, aunque es preferible que no esté continuamente expuesto a los rayos solares. Se desarrolla bien en semisombra. Muy tolerante a la sequía, precisa un riego escaso, pues no tolera el encharcamiento ni el frío intenso. Durante el invierno es mejor mantenerlo a una temperatura de unos 6-10 °C. Crece perfectamente en maceta con un sustrato que contenga algo de arena.

CURIOSIDADES. Resulta un ingrediente importante en muchos productos de belleza. Y su jugo, llamado acíbar, se emplea como calmante y cicatrizante en quemaduras, heridas, picaduras de insectos, rozaduras, enfermedades de la piel y para el tratamiento de problemas digestivos.

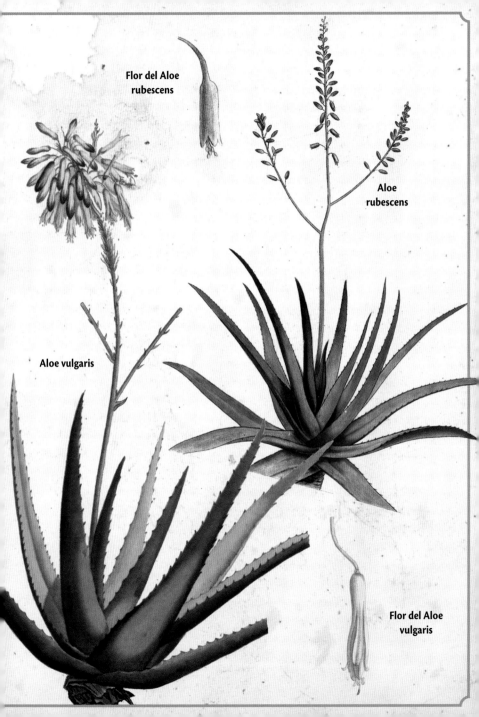

Flor del Aloe
rubescens

Aloe
rubescens

Aloe vulgaris

Flor del Aloe
vulgaris

Astrophytum myriostigma

BONETE DE OBISPO

Astrophytum myriostigma

Familia: Cactaceae. **Subfamilia:** Cactoideae. **Tribu:** Cacteae. **Origen:** México. **Hábitat:** norte y centro de México, en terrenos calcáreos y secos donde crece escondido entre matorrales para protegerse del sol.

Características

Tallo: en su etapa de planta joven es globular. A medida que la planta crece, el tallo se hace más cilíndrico, deprimido en su extremo, y las costillas se empiezan a diferenciar. Llega a alcanzar los 10-25 cm de diámetro y 10-60 cm de altura. Es de color verde, pero en la mayoría de las especies está cubierto en su superficie por pequeñas escamas blancas. **Espinas:** carece de espinas, pero presenta areolas que distan entre sí unos 15 mm, son lanosas y de color pardo. **Flores:** grandes, de 4-6 cm de ancho, con forma de embudo lanoso con escamas oscuras y pétalos de color amarillo claro. Son flores diurnas que nacen, de 1-8, en el extremo apical de la planta. **Fruto:** alargado, de unos 2-2,5 cm y cubierto de pelos lanosos, alberga numerosas semillas negras y brillantes. **Floración:** las flores aparecen de forma intermitente en los meses de más calor y duran unos 6-7 días. La planta puede tardar seis años en florecer por primera vez.

CULTIVO. En exterior requiere espacios soleados, y en interior han de estar bien iluminados. En invierno debe tener temperaturas por encima de los 5 °C. Los riegos deben ser semanales en verano y mucho más espaciados en invierno. Se propagan bien por semillas. También se cortan los tallos de los ejemplares más viejos para que desarrolle nuevos retoños.

CURIOSIDADES. En México es uno de los cactus cuya pulpa se emplea para elaborar el dulce de biznaga. Las flores se cocinan y se usan como colorantes alimentarios.

Astrophytum myriostigma

Echinocactus? (ASTROPHYTUM) myriostigma.

Astrophytum ornatum
CACTUS ESTRELLA

Familia: Cactaceae. **Subfamilia:** Cactoideae. **Tribu:** Cacteae. **Origen:** México. **Hábitat:** terrenos áridos con suelos arenosos, al abrigo de otras plantas xerófilas que le dan sombra.

Características

Tallo: solitario y con forma globular en los ejemplares jóvenes que, con los años, se transforma en columnar hasta alcanzar 120 cm de altura y 15-30 cm de ancho. **Espinas:** las costillas están recorridas por numerosas areolas blancas y pilosas espaciadas entre 1-5 cm, que presentan una larga espina central (2,5 cm) con 5-10 radiales ligeramente más cortas. **Flores:** de color blanco o amarillo pálido, de unos 6-8 cm de ancho, que exhalan un suave perfume. **Fruto:** alargado, se abre en forma de estrella y encierra pequeñas semillas oscuras y brillantes. **Floración:** en verano, pero no florece antes de los seis años; necesita una longitud mínima del tallo (15 cm) para florecer.

Astrophytum ornatum

CULTIVO. Aunque se desarrolla bien al sol, conviene buscarle una ubicación de semisombra, pero con mucha luz. Su necesidad de agua es moderada en verano y el sustrato debe estar seco antes de regar. En invierno no son necesarios los riegos. Se reproduce fácilmente por semilla.

CURIOSIDADES. Es un cactus muy solicitado como planta ornamental debido a su floración tan llamativa.

Billbergia vittata

BILLBERGIA VITTATA

Familia: Bromeliaceae. **Subfamilia:** Bromelioideae. **Origen:** Minas Gerais, Río de Janeiro, Espírito Santo (Brasil). **Hábitat:** crece sobre arbustos y árboles de bosques montanos húmedos de América tropical y subtropical.

Características

Tallo: no perceptible, la planta adopta una forma arrosetada o de embudo que facilita el almacenamiento de agua en su interior. Puede alcanzar 1 m de altura y unos 40 cm de ancho. **Hojas:** largas y anchas de unos 90 cm, crecen desde la base y cuyo margen, finamente dentado, resulta espinoso al tacto. De color verde a púrpura grisáceo, debido a una fina capa de pruina (cera), y con franjas transversales más oscuras. **Flores:** del centro de la planta crece una inflorescencia semipendular con racimos de flores con sépalos de color rojo o anaranjado que cubre las flores tubulares de 6 cm de color blanco o morado. **Floración:** mediados de verano.

CULTIVO. Es adecuada para invernadero o planta de interior. Precisa un sustrato rico y con buen drenaje, y riegos frecuentes. Puede aguantar temperaturas frías, pero que no bajen de los 2 °C. Puede reproducirse mediante semillas o trasplantando los retoños.

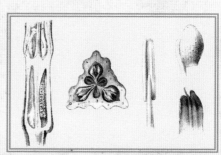

Detalles del Billbergia vittata

Caralluma europaea

Caralluma europaea
CHUMBERILLO DE LOBO

Familia: Apocynaceae. **Subfamilia:** Asclepiadoideae. **Tribu:** Ceropegieae. **Subtribu:** Stapeliinae. **Origen:** sureste de la península Ibérica y norte de África. **Hábitat:** planta suculenta de ambientes áridos y terrenos pedregosos o espartales muy soleados.

Características

Tallo: erguido y en ocasiones rastrero. De aspecto cactiforme, grueso y carnoso de 30-35 cm de alto y 10-15 cm de ancho y sección cuadrangular. **Hojas:** muy pequeñas, unos 2 mm, sin peciolo y caducas. **Flores:** solitarias, a veces nacen en grupos al final del tallo. Son pentámeras con forma de estrella de unos 2 cm de diámetro. Tienen un característico color amarillento con franjas concéntricas púrpuras y con las puntas de los lóbulos púrpuras. **Floración:** primavera y principio de otoño. **Frutos:** vainas alargadas de 7-9 cm que se abren liberando numerosas semillas aplanadas de un vilano plumoso.

CULTIVO. Se debe proporcionar un suelo con buen drenaje y pocos riegos. Le gusta el sol, aunque es mejor ubicar la planta en una zona de semisombra.

CURIOSIDADES. La flor exhala un desagradable olor a carne putrefacta que atrae a las moscas, las cuales se encargarán de su polinización.

Carnegiea gigantea

SAGUARO

Familia: Cactaceae. **Subfamilia:** Cactoideae. **Tribu:** Pachycereeae. **Origen:** desierto de Sonora, sur de Estados Unidos y norte de México. **Hábitat:** climas áridos y desérticos.

Características

Tallo: tallo columnar que puede presentar hasta siete ramificaciones. Los ejemplares más altos alcanzan los 20 m y un diámetro de 60 cm. Posee entre 12-24 costillas. **Espinas:** alrededor de 12 radiales y hasta seis centrales de 7 cm de longitud, de color marrón que se tornan grises. **Flores:** tienen forma de trompeta. La corola, en forma de tubo, es de color blanco crema, con el exterior verde y con escamas. Se abren por la tarde hasta el día siguiente. **Fruto:** ovoide de color verde por fuera y con carne roja por dentro; contiene numerosas y pequeñas semillas oscuras. **Floración:** primavera, principios de verano.

CULTIVO. En exterior, mantener al sol directo y en interior, con una buena iluminación. Requiere una maceta grande con un sustrato que proporcione un buen drenaje. Regar esporádicamente. Su temperatura mínima no debe bajar de los 5 °C.

Carnegiea gigantea

CURIOSIDADES. Es el cactus más grande y longevo que existe, puede vivir unos 200 años, y con una capacidad increíble para almacenar agua.

Carpobrotus sp.

ESPECIES DE CARPOBROTUS

Familia: Aizoaceae. **Subfamilia:** Ruschioideae. **Tribu:** Ruschieae. **Origen:** África, Sudamérica, Australia. **Hábitat:** ha colonizado las áreas de dunas costeras y semiáridas.

Carpobrotus edulis

Características

Tallo: Carpobrotus es un género de plantas suculentas de tallos largos y reptantes. **Hojas:** verdes, estrechas, alargadas y sésiles; de sección triangular, carnosas y ligeramente curvadas. Miden alrededor de 13 cm. **Flores:** grandes, solitarias, de 8-15 cm de diámetro, de colores rojos, amarillos y rosas según la especie. Con numerosos pétalos libres. **Floración:** primavera y verano. **Frutos:** carnosos y dehiscentes, es decir, con varias líneas de apertura al madurar. Engloba numerosas semillas pequeñas envueltas en mucílago.

CULTIVO. Se propaga a partir de esquejes del tallo. Se utiliza para fijar dunas y taludes. Tolera la salinidad y los ambientes semiáridos.

Carpobrotus acinaformis

CARPOBROTUS ACINAFORMIS

Puede alcanzar una talla de 15 cm de alto como mucho y prolongar sus tallos hasta los 2 m. Sus hojas tienen un ancho de 1,5-2,5 cm, y una sección transversal de triángulo isósceles. Las flores son grandes, de 12 cm de diámetro, de color

Carpobrotus acinaformis

púrpura o rojo. Se desarrolla bien en pequeños taludes arenosos. También puede utilizarse como planta colgante. Necesita sol con algo de sombra y riegos esporádicos.

Carpobrotus edulis

UÑA DE LEÓN

Sus hojas son estrechas y trianguladas (de 1-1,8 cm de diámetro), pero largas (de 6-13 cm). La flor es grande, de unos 10 cm de diámetro. Su coloración es variable, flores amarillas y magenta con numerosos estambres de color amarillo pálido. Necesita una buena iluminación, exposición al sol media y riegos moderados cada una o dos semanas. Soporta heladas, pero no prolongadas.

Carpobrotus quadrifidus

Carpobrotus quadrifidus

CARPOBROTUS QUADRIFIDUS

Su largos tallos reptantes pueden extenderse hasta 2,5 m. Las hojas son rectas, de 1,8-2,5 cm de ancho, y 4-7 cm de largo, con sección transversal triangular. Puede presentar flores blancas, rosa pálido, púrpura o magenta de 12-15 cm de diámetro con numerosos estambres blancos y anteras amarillas.

Cereus jamacaru

MANDACARÚ

Cereus jamacaru

Familia: Cactaceae. **Subfamilia:** Cactoideae. **Tribu:** Cereeae. **Origen:** Brasil. **Hábitat:** áreas de clima seco y con suelos pobres y con poca humedad del noreste de Brasil.

Características

Tallo: cactus de porte columnar, de color verde oscuro más azulado en los tallos jóvenes. Llega a alcanzar tallas superiores a los 10 m. El diámetro varía desde los 10-15 cm en ejemplares jóvenes hasta los 60 cm de la base en ejemplares adultos y silvestres. Presenta de cuatro a ocho costillas muy profundas y con ondulaciones. Las areolas grandes, color crema y algodonosas, se sitúan en pequeñas depresiones de las costillas que distan unos 2-4 cm entre sí. **Espinas:** grupos de 5-10 con 2-4 centrales muy largas (18 cm) y radiales más cortas (2 cm). **Flores:** grandes, de unos 20-30 cm y con forma de embudo, de color verde en el exterior y corola amplia (de unos 20 cm de diámetro), con numerosos pétalos de color blanco. Se abre durante la noche. **Fruto:** ovoide de unos 12 cm y de color rojo oscuro. Es comestible; la pulpa blanca de su interior es ligeramente dulce y envuelve numerosas semillas negras. **Floración:** principio de primavera a final del verano.

CULTIVO. Muy apropiado para el exterior, ya que crece a pleno sol. Aguanta heladas leves de -4 °C, aunque su temperatura mínima no debe bajar de los 5 °C. Requiere muy poco riego, si bien algo de humedad le hace crecer más deprisa. En verano puede regarse cada 10-15 días con un sustrato que tenga buen drenaje. Se reproduce bien mediante esquejes del tallo plantados en un sustrato arenoso.

Cereus jamacaru

CURIOSIDADES. En Brasil ha sido muy utilizado como árbol frutal y como material de construcción. En la actualidad se ha introducido en otros países como planta ornamental en parques y jardines.

Cereus repandus

CACTUS CANDELABRO, CARDÓN URUGUAYO

Cereus repandus

Familia: Cactaceae. **Subfamilia:** Cactoideae. **Tribu:** Cereeae. **Origen:** Brasil, Uruguay, Argentina y Perú. **Hábitat:** crece en las áreas desérticas y los terrenos arenosos y soleados del sudeste de Sudamérica.

Características

Tallo: columnar con apariencia arbórea debido a su altura y sus numerosas ramificaciones del tallo. Puede alcanzar 10-15 m de altura y 20-30 cm de ancho en su hábitat natural, aunque los ejemplares cultivados no llegan a sobrepasar los 8 m de alto y los 20 cm de diámetro. Presenta un color verde azulado tirando más a gris en ejemplares adultos. Los tallos surcados con 4-8 costillas de 2,5 cm de profundidad presentan unos estrechamientos en su perímetro cada 40-80 cm. Las areolas de color marrón oscuro y cierta vellosidad distan entre sí unos 2 cm. **Espinas:** de color marrón, pequeñas y muy agudas, de aproximadamente 1,5 cm. Hay unas seis espinas radiales por areola con una central más larga. **Flores:** sus grandes flores de 15 cm de diámetro y 15-20 cm de largo se abren durante la noche. El tubo floral, largo y estrecho con numerosas brácteas, es de color verde brillante y sin espinas y se abre en numerosos pétalos blancos estrechos y lanceolados. **Fruto:** los frutos de

Cereus repandus

forma ovoidal de unos 7-10 cm tienen la superficie lisa y brillante, sin espinas y su color varía del amarillo al rojo-púrpura. La pulpa jugosa y comestible es de color blanco o crema y alberga numerosas y pequeñas semillas crujientes que también son comestibles. **Floración:** en verano, una vez alcanzados los 5-6 años.

Cultivo. Es un cactus resistente y de fácil mantenimiento para maceta en interiores, los ejemplares jóvenes crecen sin problemas en situaciones de poca luz o en semisombra, pero lo harán con más fuerza si disponen de más luminosidad. Los ejemplares jóvenes en interiores necesitan riegos más regulares: el indicador será un sustrato totalmente seco. En exterior precisa un ambiente cálido y exposición solar directa cuando los ejemplares son adultos. Sus raíces son más resistentes a la podredumbre que otros cactus, por lo que en verano puede regarse con más regularidad, cada diez días. Y hay que proporcionarle un sustrato arenoso que asegure un buen drenaje. En el periodo de reposo, en invierno, no son necesarios los riegos. Y aunque puede soportar alguna helada, su temperatura mínima óptima debe estar por encima de los 10 ˚C. Puede reproducirse por semilla, aunque el proceso es muy lento; mejor por esquejes de tallos que contengan alguna yema. Conviene esperar a que se seque un poco la zona cortada y se planta en un sustrato arenoso húmedo.

Cereus repandus

CURIOSIDADES. Posee cierta capacidad para absorber la radiación electromagnética, por lo que se ha extendido su uso como cactus de sobremesa colocado al lado de los ordenadores; también es llamado cactus del ordenador.

CIERGE du Pérou.

Cereus repandus var. Monstruosus
CACTUS MONSTRUOSO.

Esta variedad presenta una alteración en sus costillas que se retuercen y estrechan, lo que aporta una imagen muy singular. Pierde su forma columnar y adopta una apariencia deforme mucho más ensanchada e irregular que en otras variedades. No llega a alcanzar el tamaño del *C. repandus*, pero sí puede superar los 3 m en las variedades que hayan sido cultivadas en exteriores. Al igual que sucede con el *C. repandus*, responde a las mismas necesidades de un sustrato con buen drenaje, calor (no soporta las heladas), sol y poca humedad.

**Cereus repandus
var. Montruosus**

**Detalles de la flor
del Cereus repandus
var. Montruosus**

Conophytum bilobum

CONOPHYTUM BILOBUM

Conophytum bilobum elishae

Familia: Aizoaceae. **Subfamilia:** Ruschioideae. **Tribu:** Rischieae. **Origen:** Sudáfrica. **Hábitat:** crece por encima de los 600 a 800 m de altitud, en suelos pedregosos y soleados.

Características

Tallo: se trata de una planta suculenta de talla pequeña y porte cespitoso sin tallo o con tallo muy corto. **Hojas:** el cuerpo de la planta está formado por lóbulos carnosos que alcanzan los 10 cm como máximo y que son en realidad las hojas que brotan emparejadas. **Flores:** brotan de la pequeña hendidura de la planta. Son tubulares con corola en forma de trompeta que se abre en una flor amarilla de 2 cm de diámetro con numerosos pétalos largos y estrechos. **Floración:** final del verano a principio de invierno. **Fruto:** alargado y pequeño, como mucho de 1 cm. Es de color rojo y cuando madura se abre dispersando sus semillas.

Conophytum bilobum

Cultivo. La planta entra en periodo vegetativo en primavera y verano, por lo que durante ese periodo de tiempo no hay que regarlas. Inician su actividad al final del verano y precisan un riego regular. Requiere mucha luz y exposición al sol (sobre todo en invierno), suelos bien drenados y una temperatura media de 16 °C. Puede resistir temperaturas mucho más bajas, siempre que se mantenga la tierra seca.

Coryphantha cornifera

CORYPHANTHA CORNIFERA

Familia: Cactaceae. **Subfamilia:** Cactoideae. **Tribu:** Cacteae. **Origen:** México, sur de Estados Unidos. **Hábitat:** entre la grava de suelos arenosos de llanuras o laderas suaves de áreas semiáridas.

Características

Tallo: cactus solitario, globoso o cilíndrico, de pequeño tamaño de 8-15 cm de diámetro a 6-12 cm de alto. De color verde oscuro y con el extremo apical deprimido. **Espinas:** de 10-20 espinas radiales muy agudas y fuertes de color amarillo pálido. **Flores:** floración diurna. Las flores con forma de embudo son grandes, 7 cm de largo, y alcanzan 5-7 cm de diámetro. Son amarillas, raramente rojas, con pétalos de aspecto sedoso. **Floración:** de verano a principio de otoño. **Fruto:** verde, ovoide de 2,5 cm de largo y 1 cm de ancho, liso y de color verdoso. Pulpa carnosa y semillas marrones con forma de riñón.

Coryphantha cornifera

Cultivo. Necesita una sombra parcial, aunque se desarrolla bien a pleno sol. Es sensible al encharcamiento. Requiere un suelo arenoso con buen drenaje y la temperatura no debe descender por debajo de los 4 °C. Se propaga bien por semillas.

Curiosidades. Las flores son casi más grandes que la propia planta, aunque no brotarán hasta pasados cinco años.

Coryphantha erecta

CORYPHANTHA ERECTA

Familia: Cactaceae. **Subfamilia:** Cactoideae. **Tribu:** Cacteae. **Origen:** México, sur de Estados Unidos. **Hábitat:** suelos arenosos de llanuras o laderas de zonas semiáridas.

Características

Tallo: cactus solitario cilíndrico de unos 30 cm de altura y 6-8 cm de diámetro. Al principio es erecto, pero puede postrarse con los años. Es de color verde amarillento y con el extremo superior redondeado. Los tubérculos o mamilas son cónicos y muy sobresalientes. **Espinas:** de 15 a 18 espinas radiales muy agudas y fuertes de color amarillo y de 1,2-1,5 cm de largo. Los ejemplares jóvenes no presentan espina central. **Flores:** floración diurna, bastante copiosa, a modo de corona que se produce en el ápice de la planta. Las flores con forma de embudo son grandes, 7 cm de largo, y alcanzan 5-6 cm de diámetro. **Floración:** primavera y principios de verano. Las flores permanecen abiertas y duran 2-3 días para luego comenzar a marchitarse. **Fruto:** verde, ovoide de 2,5 cm de largo y 1 cm de ancho, liso y de color verdoso.

Cultivo. Necesita una sombra parcial, aunque se desarrolla bien a pleno sol. Precisa riego moderado en verano y ausente en invierno. Requiere un suelo arenoso con buen drenaje y la temperatura mínima de crecimiento está en 10 °C.

Coryphantha erecta

Curiosidades. El fruto tiene pulpa carnosa y semillas marrones con forma de riñón.

Crassula capitella ssp. Thyrsiflora

PAGODA VERDE

Familia: Crassulaceae. **Subfamilia:** Crassuloideae. **Origen:** Provincia del Cabo (Sudáfrica). **Hábitat:** planta colonizadora de suelos pobres, pedregosos y de rocas soleadas. También crece en zonas costeras.

Características

Tallo: planta suculenta que se yergue sobre el suelo a unos 15 cm y que se ramifica expandiéndose en densos macizos de 20-38 cm. **Hojas:** triangulares, carnosas, dispuestas de dos en dos enfrentadas y alternas por parejas en el tallo. El color varía del verde brillante al rojo oscuro, resultando un cultivar muy llamativo tanto por color como por forma. **Flores:** produce un pequeño tallo que termina en pequeñas flores, blancas y ligeramente perfumadas. **Floración:** a mediados de verano hasta el otoño.

Cultivo. Le gusta una buena exposición al sol con sombra ligera, de este modo es cuando más intensidad adquirirá su color rojo. Su crecimiento es lento y necesita una tierra no muy rica pero con buen drenaje. Riegos espaciados, pero en cantidad suficiente, sobre todo en verano. En invierno hay que moderar el riego. Se propagan bien mediante esquejes de tallo o de cortes de hoja.

Crassula capitella ssp. Thyrsiflora

Curiosidades. Su color y facilidad de mantenimiento tienen gran éxito en los jardines de climas cálidos.

Crassula coccinea
CRÁSULA ROJA

Crassula coccinea

Familia: Crassulaceae. **Subfamilia:** Crassuloideae. **Origen:** Provincia del Cabo (Sudáfrica). **Hábitat:** planta colonizadora de áreas rocosas de montaña y acantilados próximos a la costa; crece entre las grietas. .

Características

Tallo: pequeña planta crasa subarbustiva, con tallos erectos y finos, de unos 40-50 cm de altura, con algunas ramificaciones que parten desde la base. **Hojas:** sin peciolo, ovolanceoladas, planas en el haz y algo convexas en el envés, glabras, de unos 2 cm de largo. Se disponen en el tallo por pares de hojas opuestas. Pueden tener el margen rojizo. Las hojas más antiguas se tornan marrones y permanecen en el tallo durante mucho tiempo. **Flores:** en el ápice de la planta brotan las inflorescencias formadas por ramilletes densos de llamativas flores de color rojo. Son muy duraderas y aguantan el verano. La flor es larga con corola tubular de 4 cm de longitud que se abre en cinco pétalos con un diámetro total de 1 cm. **Floración:** final del invierno y primavera.

CULTIVO. Se desarrolla mejor en exterior. Necesita pleno sol, suelo arenoso y un buen drenaje. Los riegos serán ocasionales, pero algo más frecuentes cuando el ambiente es muy seco. No es resistente al frío intenso, aunque puede aguantar con el terreno seco. Se propaga bien por semillas o esquejes de tallo o de hoja.

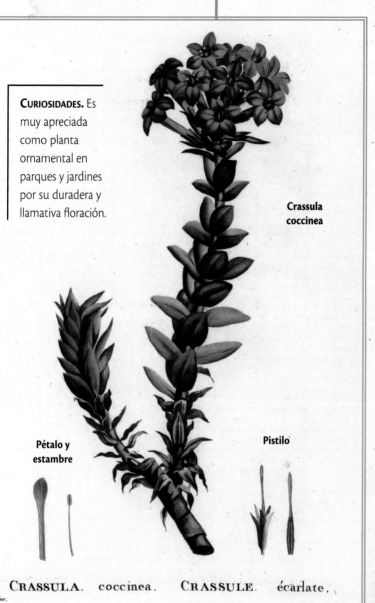

CURIOSIDADES. Es muy apreciada como planta ornamental en parques y jardines por su duradera y llamativa floración.

Crassula coccinea

Pétalo y estambre

Pistilo

CRASSULA. coccinea. CRASSULE. écarlate.

Redouté pinx.

Crassula lactea

CRASSULA LACTEA

Crassula lactea

Familia: Crassulaceaee. **Subfamilia:** Crassuloideae. **Origen:** Provincia del Cabo (Sudáfrica). **Hábitat:** planta aclimatada a terrenos rocosos y la climatología extrema del sur de África. También crece en acantilados.

Características

Tallo: pequeño arbusto suculento cuyos tallos pueden alcanzar los 60 cm de longitud. Con el tiempo la planta tiende a adoptar un porte semipostrado, por lo que se puede cultivar en macetas colgantes. **Hojas:** sésiles, carnosas, anchas y ovadas, con ápice agudo. Son ligeramente cóncavas en el haz y convexas en el envés. De color verde claro, grisáceo, con fino margen de tonalidad rojiza. Glabras y con pequeños poros blancos que recorren el margen. Se disponen por pares, unidas por la base. El espacio entre el nacimiento de las hojas en el tallo es mínimo, por lo que tiene una apariencia de roseta. **Flores:** inflorescencias alargadas con racimos de flores blancas o color crema que crecen en el ápice de la planta. Las flores tienen forma de estrella y despiden una ligera fragancia a vainilla. **Floración:** final del invierno.

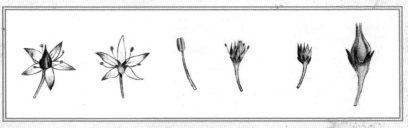

Flor, estambre y pistilo

CULTIVO. Esta planta se desarrolla muy bien en semisombra, aunque necesita una exposición parcial al sol para que pueda florecer de manera correcta. Requiere un suelo muy poroso y con buen drenaje. Únicamente hay que regar de forma abundante cuando al tacto se comprueba que la tierra está seca. En invierno no necesita riegos. Es relativamente resistente al frío, pero no tolera temperaturas bajo cero. Su temperatura mínima ronda los 8-11 °C. Se propaga con facilidad mediante esquejes de hojas o de la parte nueva del ápice del tallo.

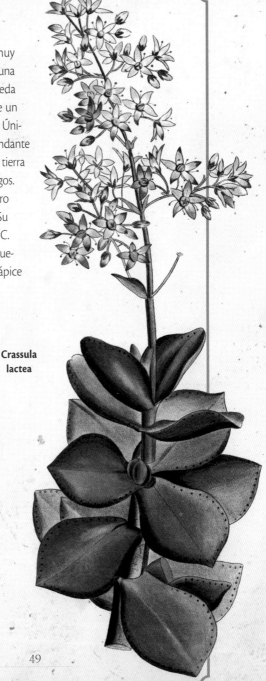

Crassula lactea

CURIOSIDADES. Se cree que los puntos blancos que rodean el margen de las hojas son en realidad glándulas salinas por las que la planta exuda sales que forman una pequeña costra en toda la superficie de la hoja.

Crassula nudicaulis

CRASSULA NUDICAULIS

Familia: Crassulaceae. **Subfamilia:** Crassuloideae. **Origen:** Provincia del Cabo (Sudáfrica). **Hábitat:** crece en las montañas cercanas a la costa del sur de África. Planta aclimatada a terrenos rocosos y arenosos, en pendiente y muy cálidos del sur de África.

Características

Tallo: pequeña planta suculenta subarbustiva que puede alcanzar 30 cm de altura. Tiene algunas ramificaciones desde la base que dan lugar a pequeños macizos no muy densos. **Hojas:** largas, oblongo-elípticas, son raramente linear-lanceoladas, dependiendo de la variedad, de 3-8 cm de largo a 0,6-1,8 cm de ancho. Extremo agudo, por lo general con superficie glabra. El haz puede ser plano o cóncavo con el envés acusadamente convexo. Son carnosas, sentadas en su base, se disponen tan juntas en el tallo que la planta adquiere aspecto de roseta. **Flores:** del centro de la planta surgen numerosas inflorescencias de tallos largos, con brácteas dispersas a lo largo de la vara floral, que se ramifican en 2-3 o 5-7 brazos hacia su extremo portando densos ramilletes de flores. Los sépalos son oblongo triangulares, verdes y algo marrones. Con corola tubular de color blanco-crema que se abre en pequeños pétalos de forma estrellada. **Floración:** primavera, verano y otoño.

CULTIVO. Necesita estar a pleno sol, pero con sombra ligera. La cantidad de exposición al sol determinará la mayor o menor coloración roja de las hojas. Requiere un suelo are-

Crassula nudicaulis

noso con un buen drenaje. Precisa riegos regulares en verano y ausencia de ellos en invierno. Es importante que no permanezca en el exterior si existe riesgo de heladas. Soporta temperaturas mínimas de 5 °C. Se reproduce bien por esquejes de tallo o de hojas.

CURIOSIDADES. Existen tres variedades muy apreciadas en jardinería que presentan diferencias morfológicas significativas en la forma de las hojas: *C. nudicaulis* var. *nudicaulis*; var. *herrei* y var. *platyphylla*.

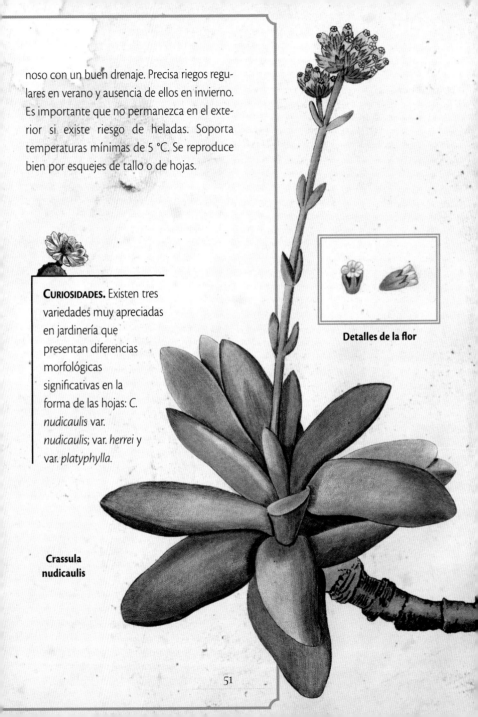

Detalles de la flor

Crassula nudicaulis

51

Crassula perfoliata var. falcata

CRASSULA PERFOLIATA VAR. FALCATA

Familia: Crassulaceae. **Subfamilia:** Crassuloideae. **Origen:** Provincia del Cabo (Sudáfrica). **Hábitat:** terrenos rocosos.

Características

Tallo: pequeño arbusto suculento cuyos tallos pueden alcanzar los 60 cm de longitud e incluso más. Por lo general, sin ramificar; con el tiempo el tallo se vuelve leñoso. **Hojas:** carnosas, de color verde glauco que nacen inclinadas, es decir, con forma de pala de hélice. Son largas, de unos 10-15 cm y 2,5-3 cm de ancho, con márgenes agudos. **Flores:** del centro de la planta surgen varias inflorescencias cuyos tallos se ramifican en densos ramilletes de pequeñas y brillantes flores anaranjadas, rojas y escarlatas. **Floración:** al inicio del verano.

CULTIVO. Precisa muy poco riego en zonas costeras y ocasionales en zonas más calurosas. En invierno no necesita riego. Se desarrolla bien en semisombra. Requiere un suelo muy poroso y con buen drenaje. Su temperatura mínima ronda los 8-11 °C. Se propaga con facilidad mediante esquejes de hojas o tallos.

Crassula perfoliata var. falcata

CURIOSIDADES. Su floración la hace espectacular, por lo que suele ser muy codiciada por los aficionados a la jardinería.

Cumulopuntia boliviana ignescens

CUMULOPUNTIA BOLIVIANA IGNESCENS

Familia: Cactaceae. **Subfamilia:** Opuntioideae. **Tribu:** Austrocylindropuntieae. **Origen:** Bolivia, Chile. **Hábitat:** crece en los altiplanos por encima de los 3.000- 4.000 m de altitud en la franja occidental de los Andes.

Características

Tallo: cactus con forma de cojín que crece formando montículos compuestos de numerosos tallos cortos o artejos tuberculazos que pueden desprenderse con facilidad. De 30 a 60 cm de diámetro en su conjunto. **Espinas:** muy largas, de 10 a 26 cm de longitud que solo salen de las areolas superiores. Las espinas son fuertes, de color pardo o dorado, muy agudas. **Flores:** abundantes y muy llamativas. De color amarillo y anaranjado de 3,5-5,5 cm de longitud y 5 cm de diámetro. **Floración:** primavera y verano. **Fruto:** carnosos pero sin pulpa, con espinas en el borde superior.

CULTIVO. Cactus de exterior adecuado para climas templados secos. Necesita un sustrato con un buen drenaje. Es resistente al frío y a la sequía. Requiere riegos muy de vez en cuando en verano. Su temperatura media no debe bajar de los 10 °C.

CURIOSIDADES. Los artejos que se desprenden de la planta madre pueden rodar por las pendientes y arraigar en otros lugares, o bien engancharse al pelo de los animales y colonizar nuevos terrenos.

Disocactus ackermannii
CACTUS ORQUÍDEA

Disocactus ackermannii

Familia: Cactaceae. **Subfamilia:** Cactoideae. **Tribu:** Hylocereeae. **Origen:** México central (Oaxaca, Veracruz). **Hábitat:** cactus epífito y litófito, es decir, crece sobre árboles y rocas.

Características

Tallo: carnoso, plano y colgante, de 30 cm de largo. Puede ramificarse y extenderse en un espacio de unos 20-30 cm de diámetro. Los tallos tienen márgenes ondulados con apariencia triangular si lo vemos desde un corte transversal. **Espinas:** las areolas se encuentran en una depresión de los márgenes o costillas, de donde salen 4-5 espinas radiales de 1-2 cm de largo y de color dorado. **Flores:** las flores nacen a lo largo del tallo. Son largas (7 cm), grandes (hasta 10 cm), con numerosos y amplios pétalos de un vivo color rojo que se abren durante la noche y pueden durar varios días. **Floración:** finales de invierno y primavera.

CULTIVO. Es recomendable cultivarlo en cestos colgantes en un lugar donde pueda tener una sombra suave, pero sin que pierda algo de exposición directa al sol, ya que la necesita para florecer. Los riegos deben ser esporádicos y no abundantes. Su temperatura mínima adecuada para un buen desarrollo no debe bajar de los 10 ˚C. Se propaga bien por semillas y esquejes del tallo.

CURIOSIDADES. Al igual que las orquídeas, aprecia las vaporizaciones de agua sobre el tallo y la vida en interior durante el invierno. Utilizar en primavera abono para orquídeas revitaliza la planta y aumenta su poder de floración.

**Disocactus
ackermannii**

Disocactus flagelliformis

JUNQUILLO, FLOR DE LÁTIGO, COLA DE RATA, FLORICUERNO

Familia: Cactaceae. **Subfamilia:** Cactoideae. **Tribu:** Hylocereeae. **Origen:** México central (Oaxaca, Hidalgo, Puebla). **Hábitat:** cactus epífito y litófito, es decir, crece sobre árboles y rocas alcanzando los 2.000 . m de altitud en bosques subhúmedos.

Características

Tallo: presenta numerosos tallos, de color gris verdoso, ramificados desde la base, cilíndricos, largos y colgantes. De ahí su nombre cola de rata. Alcanzan unos 2,5 cm de diámetro y 1,5 m de largo. Las costillas, de 10 a 14, son poco evidentes y están densamente pobladas por areolas espinosas o sedosas. **Espinas:** de cada areola surgen 10-15 espinas de unos 5-7 mm y 3-4 espinas centrales más largas. Son de color dorado y rojizas en su estado inicial. **Flores:** llamativas flores magentas o rojas, alargadas, de unos 7-8 cm y 4 cm de ancho, con tépalos lanceolados y largos que miden alrededor de 3 cm. **Fruto:** los frutos son cápsulas de 2 cm de diámetro, globosas de color rojo y con leves espinas. En su interior encierra numerosas semillas ovoides y oscuras situadas entre una pulpa de color amarillo verdoso. **Floración:** se abren en primavera durante unos 6-8 días consecutivos. Aparecen a lo largo de los tallos, aunque suelen concentrarse en el ápice de la planta en ejemplares jóvenes.

Disocactus flagelliformis

**Disocactus
flagelliformis**

Cultivo. Se multiplica por esqueje de los extremos de los tallos en verano, y por semilla en primavera. Su temperatura ideal está entorno a los 18 °C. No tolera el sol directo, salvo el de la mañana, pero sí necesita mucha luz. Requiere sustratos drenantes pues no aguanta el encharcamiento.

Curiosidades. En el centro de México utilizan, como remedio popular, sus flores bien en infusión, bien fermentadas para obtener brebajes que son utilizados para afecciones cardiacas, aunque su efectividad no está constatada.

Disocactus speciosus

SANTAMARÍA, PITAYA DE CERRO, NOPALILLO

Disocactus speciosus

Familia: Cactaceae. **Subfamilia:** Cactoideae. **Tribu:** Cacteae. **Origen:** México. **Hábitat:** cactus epífito o litófito que crece en los bosques subtropicales y tropicales.

Características

Tallo: largo, aplanado y muy ramificado, de 40 cm a 1 m de largo. Erecto en ejemplares jóvenes que con el tiempo se convierte en colgante. De color verde oscuro, algunos tallos se tornan rojizos en invierno. Costillas de 3-7 angulosas, planas y profundas con bordes algo ondulados o aserrados. **Espinas:** 5-8 espinas cortas de 1-1,5 cm de color amarillo al principio que se oscurecen con la edad. **Flores:** tubular, grande y larga. Puede alcanzar los 17 cm de largo y 9 cm de ancho. Los sépalos son rosas o rojizos, con numerosos pétalos lanceolados de color rosa y rojo. Se abre durante el día. **Floración:** verano. **Fruto:** ovoide de color rojo, al madurar con semillas oscuras.

CULTIVO. Prefiere la semisombra muy luminosa. Hay que protegerlo del sol directo del verano, aunque puede exponerse a él a primeras horas de la mañana o últimas de la tarde. Necesita riegos regulares, una vez por semana asegurándose de que la tierra esté seca. Requiere un sustrato de arena gruesa para garantizar un buen drenaje. Se multiplica mediante esquejes del tallo o por semillas plantadas al principio de la primavera.

**Disocactus
speciosus**

CURIOSIDADES. Es una
especie englobada
en el grupo de los
llamados
comúnmente cactus
orquídea debido
a la vistosidad de
sus flores.

Dyckia rariflora

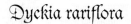

DYCKIA RARIFLORA

Familia: Bromeliaceae. **Subfamilia:** Pitcairnioideae. **Origen:** Argentina, Brasil. **Hábitat:** bromelia terrestre característica de zonas áridas o de altitudes elevadas.

Características

Tallo: planta de apariencia cespitosa con tallos apenas perceptibles. Las hojas surgen del centro de la planta, por lo que adopta forma de roseta que llega a alcanzar 50 cm de altura. **Hojas:** carnosas, largas, estrechas, lanceoladas, de 20-25 cm de largo. De color verde ceniciento. El margen está salpicado de espinas cortas y flexibles dispuestas de forma muy espaciada. **Flores:** del centro de la planta crece una vara floral de unos 60-90 cm de largo de la que brota más de una docena de flores en disposición alterna, de color rojo anaranjado. **Floración:** primavera, verano. **Fruto:** pequeña vaina oscura, seca y dehiscente, con semillas circulares y planas.

CULTIVO. Le gusta el sol, con sombra parcial, y disponer de un suelo bien drenado; también tolera el calor y las condiciones áridas. Se adapta bien tanto al interior como al exterior. Es muy resistente a la sequía. Se recomienda multiplicarla por división de la mata en primavera.

Dyckia rariflora

CURIOSIDADES. Es de crecimiento lento, pero de muy bajo mantenimiento por lo que puede emplearse para decorar pequeñas rocallas.

Echeveria lurida

ECHEVERIA LURIDA

Echeveria lurida

Familia: Crassulaceae. **Subfamilia:** Echeverioideae. **Origen:** México.
Hábitat: laderas pedregosas y soleadas de las sierras mesoamericanas.

Características

Tallo: corto, de 4-8 cm de largo, y 1,5 cm de diámetro. Se va alargando y distinguiendo a medida que la planta crece y va perdiendo sus hojas basales. **Hojas:** sésiles, muy carnosas, oblongo-lanceoladas, con el ápice acuminado. De color verde aceituna brillante a rojo en las hojas maduras, y con una cubierta pruinosa en las hojas más jóvenes que le confieren un color verde grisáceo. **Flores:** crecen en racimo sobre un vástago floral de unos 50-70 cm de largo. Solo emite una inflorescencia por roseta. **Floración:** primavera. **Frutos:** pequeños folículos rojizos con numerosas semillas.

CULTIVO. Le gusta la exposición al sol, pero aguanta bien la sombra. La temperatura mínima que puede soportar en invierno está en los 7 °C. Es resistente a la sequía, pero se desarrolla mejor con riegos frecuentes. Se multiplica con facilidad mediante esquejes de hojas y por semillas.

CURIOSIDADES. La mayor exposición a la luz solar torna sus hojas de color rojizo.

Echeveria secunda

Flor de fuego

Echeveria secunda

Familia: Crassulaceae. **Subfamilia:** Echeverioideae. **Origen:** México, noroeste de Sudamérica, sur de Estados Unidos. **Hábitat:** laderas pedregosas y soleadas de las sierras mesoamericanas. **Sinónimo:** Echeveria glauca.

Características

Tallo: puede llegar a los 10-20 cm de largo y 2 cm de diámetro. Suele ser postrero, raramente erecto. La planta crece en forma de roseta compacta de unos 15-30 cm de diámetro. Es de color verde azulado o plateado debido a su capa cerosa. **Hojas:** sésiles muy carnosas, ovalanceoladas, bastante anchas en su parte anterior y con el ápice acuminado. Miden unos 12 cm de largo y 3-4 cm de ancho. Las hojas son suavemente cóncavas en el haz y convexas en el envés y poseen el margen liso de color rojo en algunas ocasiones. **Flores:** crecen en racimo sobre un vástago floral de unos 15 cm de largo recorrido de pequeñas brácteas verdes. Las flores en número de 6-15 se disponen de forma alterna en la vara floral. La corola tiene forma de campanilla y es de color salmón con las puntas de los pétalos de color amarillo. Miden 1,5 cm de largo. Solo emite una inflorescencia por roseta. **Floración:** desde primavera hasta principios de otoño. **Frutos:** pequeños folículos rojizos con numerosas semillas.

Cultivo. De fácil cultivo para interior y exterior. Le gusta la exposición al sol, pero se debe controlar en los meses de verano. Tolera bien la sombra siempre que cuente con luminosidad. Precisa un sustrato con buen drenaje y riegos semanales que pueden espaciarse o desaparecer en invierno. Es resistente a las heladas, pero por poco tiempo. Conviene evitar temperaturas por debajo de los 0 °C. Para cada riego es recomendable esperar a que el sustrato esté bien seco. Se multiplica con facilidad mediante esquejes de hojas; también se multiplica por semillas, o trasplantando los hijuelos que crecen del tallo principal.

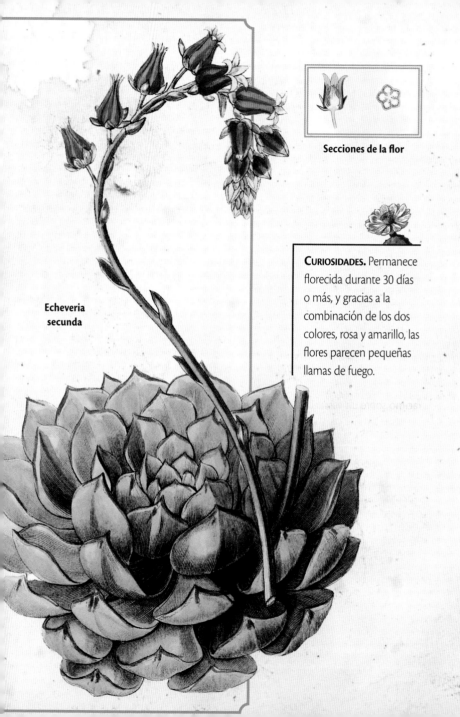

Secciones de la flor

Echeveria secunda

CURIOSIDADES. Permanece florecida durante 30 días o más, y gracias a la combinación de los dos colores, rosa y amarillo, las flores parecen pequeñas llamas de fuego.

Echinocactus horizonthalonius

BARRIL AZUL, CACTUS GARRA DE ÁGUILA, MANCACABALLO

Echinocactus horizonthalonius

Familia: Cactaceae. **Subfamilia:** Cactoideae. **Tribu:** Cacteae. **Origen:** México, sur de Estados Unidos. **Hábitat:** crece por encima de los 600-1.700 m de altitud, en laderas rocosas de zonas áridas y desérticas.

Características

Tallo: pequeño cactus con forma de barril individual y sin ramificaciones. Deprimido en la zona apical, que está protegida por una suave lanilla amarillo blancuzca de donde brotarán las flores. Crece lentamente alcanzando una altura de unos 30 cm y 15-20 cm de diámetro. **Espinas:** las areolas se encuentran muy próximas a lo largo de las costillas (0,5 cm) y albergan entre 5-10 espinas fuertes curvadas hacia la punta, de color rosa, amarillo y marrón. De 1-3 espinas centrales que pueden medir de 1-4 cm y unas 5-9 espinas radiales de longitud similar. **Flores:** nace en el ápice del cactus de unos 5-7 cm de diámetro y es de un llamativo color rosa brillante. **Floración:** en primavera y verano. **Fruto:** de color rosa o rojo, oblongo, jugoso en un primer momento y luego semiseco, contiene numerosas semillas negras de unos 2 mm.

CULTIVO. Requiere mucho sol y un suelo bien drenado, pues sus raíces tienden a pudrirse con el exceso de agua. Aunque agradece algo de sombra durante los meses más calurosos. Es preferible mantenerlo sin riegos en invierno con una temperatura que no baje de los 0 °C y suministrarle agua muy de vez en cuando en verano. Se propaga por semillas.

CURIOSIDADES. Recibe el nombre de mancacaballo a causa de sus aceradas espinas: si un caballo pisa la planta, sufrirá graves heridas en su pezuña.

Echinocactus horizonthalonius Lem.

Tafel 117.

Echinocereus berlandieri

ECHINOCEREUS BERLANDIERI

Echinocereus berlandieri

Familia: Cactaceae. **Subfamilia:** Cactoideac. **Tribu:** Pachycereeae. **Origen:** Texas (Estados Unidos), Nuevo León y Tamaulipas (México). **Hábitat:** zonas áridas y desérticas a 600 m de altitud.

Características

Tallo: alargado y cilíndrico, de unos 30 cm de largo y 2,5 cm de diámetro. Muy ramificado, de color verde oscuro. Las areolas son de color marrón y distan unos 1-1,5 cm entre sí. **Espinas:** blanquecinas, las más antiguas más oscuras; de 6-9 espinas radiales y de 1-3 centrales de unos 3 cm de largo. **Flores:** surge de un cáliz tubular y piloso de 2-3 cm de largo, y de color verde oscuro. La flor de unos 5-8 cm de diámetro presenta sépalos y pétalos de color magenta o rojo púrpura con anteras amarillas. **Floración:** primavera y principio del verano. **Fruto:** verde y espinoso de 2,5 cm con pulpa blanquecina.

Cultivo. A pleno sol. Necesita un suelo con un buen drenaje y poca agua. Regar en verano solo cuando el sustrato esté totalmente seco y prescindir de riegos en invierno, a lo sumo uno al mes.

Curiosidades. Crece bien en maceta; es ideal para terraza y balcón, así como para exteriores. Es apreciada sobre todo por su resistencia a las temperaturas extremas y su atractiva floración.

Echinocereus coccineus

ECHINOCEREUS COCCINEUS

Familia: Cactaceae. **Subfamilia:** Cactoideae. **Tribu:** Pachycereeae. **Origen:** en el sur de Estados Unidos (Texas, Arizona, Colorado y Nuevo México), así como en el norte de México, en Sonora, Coahuila, Chihuahua. **Hábitat:** áreas desérticas y semidesérticas.

Características

Tallo: semirrecto, algo ovoide y cilíndrico, de 8-40 cm de alto y 5 cm de diámetro. Muy ramificado desde la base; llega a formar espesas colonias de 1 m de diámetro integradas por numerosos tallos 50-100 e incluso más. **Espinas:** de 0-4 espinas centrales y 5-20 radiales que pueden llegar a los 7 cm de largo. Son de color blanco dorado al nacer y se tornan grises al madurar. **Flores:** nacen en los extremos de los tallos. Son largas, tubulares y de color escarlata brillante, también rosa. Los numerosos pétalos son alargados y redondeados en su extremo. **Floración:** primavera, principio del verano. **Fruto:** aparece 2-3 meses después de la floración.

Cultivo. Es muy sensible al exceso de riego, por lo que es preferible situarlo en macetas o exteriores con exposición directa al sol o con sombra parcial, en un sustrato con un buen drenaje. Se propaga mediante esquejes de los tallos separados desde la base o por semillas.

Echinocereus coccineus

Curiosidades. Puede presentar tanto flores monoicas (hermafroditas) como dioicas, es decir, unisexuales en diferentes plantas, productoras de néctar, ya que en su hábitat natural son polinizadas por colibríes.

Echinocereus dasyacanthus

ECHINOCEREUS DASYACANTHUS

Familia: Cactaceae. **Subfamilia:** Cactoideae. **Tribu:** Pachycereeae. **Origen:** en los estados de Texas y Nuevo México (Estados Unidos) y en el norte de México. **Hábitat:** áreas desérticas.

Características

Tallo: cilíndrico, erecto y solitario, aunque puede ramificarse desde la base. Es de color verde oscuro con muchas espinas. Su talla está en torno a los 10-20 cm. **Espinas:** cactus muy espinoso; posee de 3-15 espinas centrales de 1,5 cm de largo y 16-24 espinas radiales algo más cortas, de 1 cm. **Flores:** presenta abundantes flores de unos 10 cm de diámetro y 7-12 cm de largo, con colores que varían del blanco al amarillo y al rosa. Los sépalos a menudo son más oscuro y presentan bandas rojizas. El estigma está lobulado. **Floración:** primavera. **Fruto:** espinoso, gris oscuro, corinto y a veces verde y con pulpa blanca o rosada comestible, aunque resulta algo ácida. Las semillas son de color negro.

CULTIVO. Crece a pleno sol o a la sombra siempre que se le proporcione mucha luz. Una vez que la planta está estabilizada, necesita muy poco agua. Se propaga mediante esquejes de separación de ramas o por semillas.

Echinocereus dasyacanthus

CURIOSIDADES. El nombre de *dasyacanthus* viene del griego y significa «con densas espinas», y es tal la densidad de este cactus que el conjunto de la planta presenta un aspecto blanquecino.

Echinocereus enneacanthus brevispinus

ECHINOCEREUS ENNEACANTHUS BREVISPINUS

Familia: Cactaceae. **Subfamilia:** Cactoideae. **Tribu:** Pachycereeae. **Origen:** sur de Estados Unidos y noreste de México. **Hábitat:** crece sobre los 600-1.800 m de altitud, entre matorrales y en el suelo llano de áreas desérticas y semidesérticas.

Características

Tallo: puede alcanzar tallas de 1 m de alto y 5-14 cm de diámetro. La planta tiene porte cespitoso y está compuesta por un grupo de tallos que puede variar en número. **Espinas:** no presentan una gran diferenciación de las espinas, aunque las centrales son un poco más largas que las radiales y aparecen en número de 1-3 y 1-2,5 cm de largo. **Flores:** tubulares de unos 7 cm de largo y 5 cm de diámetro, surgen de los laterales del tallo y se abren durante el día. Son de color púrpura y magenta. **Floración:** primavera. **Fruto:** redondeado de color pálido amarillo verdoso o rojizo, rodeado de espinas. Su pulpa blanca es comestible.

Echinocereus enneacanthus brevispinus

CULTIVO. Necesita plena exposición al sol y poco riego en verano para retirarlo en invierno. Hay que asegurar que el sustrato tenga un buen drenaje pues sus raíces podrían pudrirse.

CURIOSIDADES. Sus frutos sirven de alimento a los nativos de Nuevo México.

Echinocereus fendleri

ECHINOCEREUS FENDLERI

Familia: Cactaceae. **Subfamilia:** Cactoideae. **Tribu:** Pachycereeae. **Origen:** sur de Estados Unidos y México. **Hábitat:** crece siempre sobre los 900-2.400 m de altitud en laderas rocosas y soleadas de áreas semidesérticas.

Echinocereus fendleri

Características

Tallo: en ocasiones la planta se presenta como un tallo solitario erecto, ovoide y cilíndrico, o forma pequeñas matas compuestas por 4-5 tallos hasta 20 ramas que crecen ligeramente recostadas. Los tallos pueden alcanzar los 10-30 cm de alto y 5-7 cm de diámetro. Tiene del orden de 9-13 costillas rectas o ligeramente tuberculadas con depresiones onduladas entre las areolas. Estas son blancas, circulares con ligera vellosidad y separadas entre sí 0,8-1,5 cm. **Espinas:** cortas y fuertes. Entre 2-11 espinas radiales de 2 cm de largo, blancas por la parte más visible y de color marrón oscuro por debajo, lo que proporciona a las espinas un llamativo contraste. Puede no poseer espinas centrales, aunque la mayoría de los ejemplares presenta una y raramente tres. **Flores:** las flores surgen de puntos muy cercanos al extremo apical del tallo. Son grandes flores con forma de embudo, espinoso en su base, que cuando se abren durante el día alcanzan 7 cm de diámetro y muestran sus pétalos magenta o púrpura. El estigma está profusamente lobulado. **Floración:** primavera, principios de verano. **Fruto:** ovoide, de 2,5-5 cm de largo y 1,5 cm de diámetro. Es de color rojo carmesí. La pulpa de color rojo o magenta es comestible.

Cultivo. Prospera fácilmente en un sustrato bien drenado que se mantenga seco en invierno y acolchado con grava. Necesita exposición solar y pocos riegos. Es muy resistente al frío. Puede superar heladas de si no son demasiado prolongadas y si el suelo está totalmente seco. Se propaga muy bien mediante semillas o esquejes por cortes de las ramificaciones.

Echinocereus fendleri

Curiosidades.
Sus flores duran
alrededor de una
semana y se
muestran más
deslumbrantes con
la luz del atardecer.

Echinocereus papillosus

ECHINOCEREUS PAPILLOSUS

Familia: Cactaceae. **Subfamilia:** Cactoideae. **Tribu:** Pachycereeae. **Origen:** Texas (Estados Unidos) y Tulipas (México). **Hábitat:** crece sobre los 900-2.400 m de altitud en laderas rocosas y soleadas de áreas semidesérticas.

Características

Tallo: cilíndrico, alargado, semirrecto, de unos 15 cm de largo. La planta forma una mata con tallos que surgen de forma radial desde la base y crecen erectos cuando son jóvenes y con los años adoptan una postura ligeramente recostada. **Espinas:** 8-12 por areola; una central y 7-11 radiales rectas y divergentes. Van del color blanco al marrón pasando por el amarillo. **Flores:** alargadas, con forma de embudo de 9-12 cm de largo y 12 cm de diámetro. La flor abierta es muy atractiva. Los pétalos son de color blanco cremoso con una banda naranja brillante en su base y sépalos de color marrón rojizo.

Floración: primavera. **Fruto:** pequeña baya verde de 1,5-2,5 cm de largo, cubierta de cerdas cortas y pulpa blanca.

Cultivo. Prefiere una exposición al sol total o parcial. Aunque es muy resistente a las heladas, es aconsejable que durante el invierno se mantenga a una temperatura media de 10 °C. Requiere pocos riegos. Hay que asegurar un sustrato con buen drenaje.

Echinocereus papillosus

CURIOSIDADES. Para asegurar la floración, durante el descanso vegetativo necesita un espacio seco y fresco al resguardo del frío intenso.

Echinocereus pentalophus

ECHINOCEREUS PENTALOPHUS

Familia: Cactaceae. **Subfamilia:** Cactoideae. **Tribu:** Pachycereeae. **Origen:** Texas (Estados Unidos), centro-este de México. **Hábitat:** planicies aluviales arenosas.

Características

Tallo: es de color verde brillante, a veces rojizo en invierno. El cactus forma una mata compuesta por varios tallos cilíndricos, alargados, delgados (2,5 cm de diámetro) y ramificados desde la base. **Espinas:** posee 4-8 espinas radiales con una central o en ocasiones sin ella. Son cortas, amarillas o marrones que se oscurecen con los años, rígidas y rectas. **Flores:** bastante grandes, de unos 12 cm de largo y 10 cm de diámetro. Tienen forma de embudo y cuando se abren llega a ocultar el resto de la planta. Las flores brotan a lo largo de todo el tallo, excepto en el ápice. Son de color rosa brillante o magenta con la base de los pétalos blanca o amarilla, de manera que forma una garganta de color más claro. **Floración:** primavera. **Fruto:** ovoide, de color verde y cubierto de espinas. La pulpa es blanca y alberga numerosas semillas negras.

CULTIVO. Indicado para su cultivo a pleno sol. Precisa un riego regular en verano, una vez cada 2-3 semanas asegurándose que el sustrato esté totalmente seco. Necesita un buen drenaje y mantenerla en invierno en un sitio fresco con una temperatura mínima de 10 °C.

Echinocereus pentalophus

CURIOSIDADES. Es una planta indicada para cultivarla en cestos colgantes. Su extraordinaria floración aumenta su atractivo.

Echinocereus polyacanthus

ECHINOCEREUS POLYACANTHUS

Familia: Cactaceae. **Subfamilia:** Cactoideae. **Tribu:** Pachycereeae. **Origen:** sudeste de Arizona y oeste de Nuevo México (Estados Unidos), y noroeste de México (Chihuahua, Sonora, Sinaloa). **Hábitat:** es común en terrenos arenosos y colinas pedregosas de zonas semidesérticas.

Características

Tallo: puede ser solitario o formar matas de numerosos tallos (alrededor de 50, aunque pueden contarse más de 100 en especies silvestres) que surgen desde la base. Alcanza los 25-30 cm de longitud y 5-10 cm de ancho. **Espinas:** posee de 1-3 espinas centrales de 5 cm, amarillas o marrones oscuras. Y 8-12 espinas radiales de 2,3 cm amarillas o rojizas oscurecidas hacia la punta. **Flores:** diurnas, en forma de embudo con una longitud total de 5-7,6 cm (a veces 14 cm) de largo y 4-8 cm de diámetro. El tubo floral es espinoso y los pétalos, de color anaranjado o rojo brillante están parcialmente erectos, con la punta redondeada y cóncava. Presenta una garganta amarillenta en la base de los pétalos. La primera floración se da transcurridos 5-10 años tras la siembra y surgen en la parte del tallo más próxima al ápice. **Floración:** primavera, principios de verano. **Fruto:** ovoide y de color verde. Su superficie está cubierta de espinas débiles; la pulpa es blanca y comestible.

Echinocereus
polyacanthus

CULTIVO. Requiere luz solar intensa y un suelo bien drenado. En verano precisa riegos espaciados y muy escasos, casi nulos en invierno. Se propaga mediante semillas o esquejes de los tallos basales.

Echinocereus polyacanthus

CURIOSIDADES. La flor dura abierta una semana y, como la planta suele componerse de numerosos tallos, si estos van cargados de botones florales, se puede disfrutar de la floración durante seis semanas.

Echinocereus scheeri

ECHINOCEREUS SCHEERI

Familia: Cactaceae. **Subfamilia:** Cactoideae. **Tribu:** Pachycereeae. **Origen:** México (Durango, Sinaloa, Chihuahua). **Hábitat:** terrenos pedregosos de áreas semidesérticas del norte y oeste de México, entre 1.000 y 2.000 m de altitud.

Características

Tallo: solitario o ramificado desde la base formando pequeñas matas. Tiene forma columnar y alargada; puede alcanzar una talla de 10-40 cm de alto y 2,5-4 cm de diámetro. Cuando se ramifica, surgen alrededor del tallo principal tallos parecidos a dedos. Es de color verde oscuro o blanquecino debido a la densidad de las espinas. Posee alrededor de 7-14 costillas no muy profundas y débilmente tuberculadas. **Espinas:** de 7-10 espinas radiales cortas de color amarillo que se van poniendo blanquecinas con el tiempo. A veces sin espina central o bien 3-4 espinas centrales de color castaño, más rojizas si son nuevas y de 0,5 cm de longitud. **Flores:** diurnas, surgen a los lados del tallo. Tienen forma de embudo y llegan a los 6-13 cm de largo. El largo tubo floral, de 5-6 cm, está cubierto de espinas débiles. **Floración:** primavera. **Fruto:** globoso, verde u ocre, de 5 cm de diámetro, posee una pulpa blanca que alberga numerosas semillas negras diminutas.

Echinocereus scheeri

Cultivo: necesita exposición solar directa. Con riegos regulares en verano (cada tres semanas), pero extremando la precaución de no encharcar el terreno, pues sus raíces son sensibles a la podredumbre. Esto hace que sea imprescindible proporcionar un suelo bien drenado. En invierno necesita un ambiente fresco y seco. Se multiplica mediante semillas o a partir de esquejes que pueden extraerse de los tallos basales.

Echinocereus scheeri

CURIOSIDADES. Su hábitat está muy restringido, por lo que se trata de una especie con cierta vulnerabilidad. Pero su facilidad para el cultivo y resistencia aseguran su permanencia.

Echinocereus subinermis

ECHINOCEREUS SUBINERMIS

Familia: Cactaceae. **Subfamilia:** Cactoideae. **Tribu:** Pachycereeae. **Origen:** Sierra Madre Occidental de Estados Unidos y México y en los estados mexicanos de Sonora, Sinaloa, Chihuahua. **Hábitat:** terrenos y laderas pedregosos de áreas semidesérticas.

Características

Tallo: raramente ramificado con pequeños tallos basales. Es globoso de color verde pálido o azulado, y con el ápice deprimido. Puede alcanzar 15-30 cm de alto y 7-9 cm de diámetro. **Espinas:** escasas. Presenta 0-4 espinas centrales de 2 cm de largo y 0-10 espinas radiales de 1-8 mm amarillas y con tendencia a oscurecerse. **Flores:** larga y grande con forma de embudo. Surge cercana al ápice de la planta y al abrirse mide 10-12 cm de diámetro. El tubo floral es espinoso y los numerosos pétalos son de color amarillo. La flor emana una suave fragancia. **Floración:** primavera, verano. **Fruto:** ovoide, gris verdoso y espinoso con pulpa blanca.

CULTIVO. Es fácil de cultivar. Necesita una exposición al sol parcial o semisombra. Se propaga por semillas o esquejes de los tallos basales.

Echinocereus subinermis

CURIOSIDADES. Dentro del género *Echinocereus*, es una de las especies con menos espinas. Las plantas más jóvenes tienen espinas cortas y las más maduras apenas las presentan.

Echinopsis cinnabarina

ECHINOPSIS CINNABARINA

Familia: Cactaceae. **Subfamilia:** Cactoideae. **Tribu:** Trichocereeae. **Origen:** Sudamérica, los Andes, sur de Bolivia y norte de Argentina. **Hábitat:** laderas pedregosas, por encima de los 2.000 y hasta los 4.000 m de altitud.

Características

Tallo: solitario y globoso, deprimido en el ápice. Tiene una forma que recuerda al erizo de mar. En ocasiones produce brotes laterales. Es de color verde oscuro. El tallo es más ancho que largo, alcanza 15 cm de altura y 20-35 cm de ancho. **Espinas:** de 8-10 espinas radiales que se abren y curvan hacia atrás; son de color dorado. Las espinas centrales pueden no aparecer o hacerlo en número de uno a tres, son de color marrón y crecen derechas con la punta algo curvada. **Flores:** no muy largas, pero sí anchas, con 4-8 cm de diámetro. Nacen en la zona apical y son de color rojo escarlata o rosa fucsia. **Fruto:** esférico, pequeño y rojo más pálido cuando madura. Contiene semillas negras. **Floración:** mediados de verano.

CULTIVO. Ubicarla a pleno sol con cierta sombra parcial o bien situarla a la sombra con mucha luz. Necesita riego en verano de forma regular. Se reproduce por semillas y por separación de los vástagos que crecen a su lado.

**Echinopsis
cinnabarina**

Echinopsis eyriesii

ECHINOPSIS EYRIESII

Familia: Cactaceae. **Subfamilia:** Cactoideae. **Tribu:** Trichocereeae. **Origen:** Argentina, Brasil y Bolivia. **Hábitat:** estepas y barrancas.

Características

Tallo: solitario o formando pequeñas agrupaciones. Los tallos son cilíndricos de hasta 30 cm de longitud y pueden alcanzar los 15 cm de ancho. Crecen erectos o semipostrados, son de color verde oscuro, haciéndose el tallo más leñoso por la base conforme el cactus madura. **Espinas:** de 12-18 espinas muy cortas y duras que no llegan a 1 cm. **Flores:** tubulares muy alargadas y corola ancha. Llega a los 15-25 cm de largo y 5-10 cm de diámetro. El tubo floral es muy largo (más de 15 cm), es de color verde y está cubierto de densos mechones lanosos de color castaño. La flor blanca posee numerosos pétalos blancos con tono rosado, lanceolados y acabados en punta. Los sépalos son de color cobre. Tiene estambres amarillos y estigma lobulado en forma de estrella. **Floración:** primavera y verano. **Fruto:** globoso, verde, de 4 cm de largo por 2 cm de ancho.

Echinopsis
eyriesii

CULTIVO. Prefiere sustratos sueltos arenosos y soporta un mínimo de temperatura en invierno de 2 °C, aunque su temperatura óptima ronda los 8 °C. Necesita mucha luz, por lo que puede exponerse al sol de la mañana o de la tarde, o situarse a la sombra pero con buena luminosidad. Requiere riegos regulares en verano. Se debe mantener en un ambiente fresco y seco en invierno.

CURIOSIDADES. La flor es espectacular, por eso se trata de una especie muy apreciada en jardinería xerófila. Pero se abre durante la noche y dura 24 horas, por lo que su disfrute es bastante efímero.

Echinopsis eyriesii

Echinopsis leucantha

ECHINOPSIS LEUCANTHA

Echinopsis leucantha

Familia: Cactaceae. **Subfamilia:** Cactoideae. **Tribu:** Trichocereeae. **Origen:** Argentina. **Hábitat:** planta asociada al estrato arbustivo del desierto central argentino.

Características

Tallo: cactácea de tipo columnar y globosa de 100 cm de altura y 25 cm de diámetro. Suele ser solitaria, aunque también forma agrupaciones con las ramificaciones que parten de su base. Es de color verde oscuro, algo glauca. Con 12-14 costillas marcadas y comprimidas, obtusas, con areolas pequeñas y grisáceas separadas 1 cm. **Espinas:** muy agudas y de color amarillo anaranjado que se vuelve ceniciento con el tiempo. **Flores:** infundibuliforme. Son muy largas, de unos 16 cm. El tubo floral mide unos 10 cm de largo y 1 cm de ancho. La flor, blanca, se abre con numerosos pétalos lanceolados. El estigma es de color crema. **Fruto:** anaranjado, dehiscente, con pulpa blanca y dulce que contiene numerosas semillas negras y rugosas. **Floración:** primavera, verano.

Cultivo. Resulta fácil de cultivar siempre y cuando se le procure una ubicación soleada o parcialmente a la sombra y un suelo suelto bien drenado. En verano precisa riegos regulares, pero sin encharcamiento. Y en invierno apenas necesita humedad, solo un ambiente fresco y seco con una temperatura media de 11 °C. Puede multiplicarse por semillas o por esquejes de los pequeños tallos que surgen cerca de la base.

Curiosidades. Debido a su espectacular floración y llamativas espinas, este cactus ornamental es uno de los favoritos por los aficionados a estas plantas.

**Echinopsis
leucantha**

Echinopsis obrepanda

ECHINOPSIS OBREPANDA

Familia: Cactaceae. **Subfamilia:** Cactoideae. **Tribu:** Trichocereeae. **Origen:** Bolivia. **Hábitat:** en terrenos rocosos y áridos.

Características

Tallo: por lo general, es solitaria, globosa, algo deprimida en el ápice, de color verde brillante. Puede alcanzar 15-30 cm de alto y 15-22 cm de ancho. Las costillas, en número de 10-20, son profundas, delgadas y obtusas, con tubérculos en forma de hoja de hacha. **Espinas:** de 8-12 espinas radiales que se abren y curvan hacia atrás, de color dorado. Las espinas centrales pueden no aparecer o hacerlo en número de 1-3, son de color marrón y crecen derechas con la punta curvada. **Flores:** muy largas, con forma de embudo. Llegan a medir 15-17 cm de largo y una vez abiertas, 6-8 cm de diámetro. El tubo floral es largo y estrecho. La flor es blanca con numerosos pétalos lanceolados. En la base de los pétalos la garganta es verde y tanto estambres como estigma son amarillos. **Floración:** primavera.

Echinopsis
obrepanda

CULTIVO. Puede situarse a pleno sol o ubicarse en un sitio de sombra siempre que haya suficiente luminosidad. Es tolerante a la sequía, por lo que los riegos pueden ser bastante espaciados durante el verano. En invierno no es necesario regarla o bien hacerlo una vez cada seis semanas, pero teniendo la precaución de que no haya previsión de heladas. Puede propagarse por semillas, plantadas una vez pasado el frío intenso, o por esquejes, formados por cortes del tallo.

Tafel 100.

CURIOSIDADES. Esta especie tiene muchos híbridos que proporcionan flores de muy variado y vistoso color: amarillas, anaranjadas y rojas. Funciona muy bien como planta de terraza o de invernadero.

Epiphyllum anguliger

EPIPHYLLUM ANGULIGER

Epiphyllum anguliger

Familia: Cactaceae. **Subfamilia:** Cactoideae. **Tribu:** Hylocereeae. **Origen:** endémica de Jalisco, Michoacán, Oaxaca en México. **Hábitat:** cactus epífito de los bosques de robles de hoja perenne.

Características

Tallo: es carnoso, plano y lobulado. Los lóbulos triangulares tienen forma de dientes de sierra anchos y profundos. Se ramifica ampliamente y los tallos tienden a caer. **Espinas:** carece de espinas. Las minúsculas areolas pueden presentar pequeñas cerdas blancas. **Flores:** nace de las axilas de los lóbulos, son muy largas y tubulares. Pueden medir 6-20 cm o más de longitud. Al abrirse deja al descubierto una flor blanca, o amarilla pálida, con pétalos en forma de estrella de unos 6-7 cm de ancho. Los sépalos son verde amarillentos al igual que el larguísimo tubo floral, que es totalmente glabro con pequeñas brácteas. Florece durante la noche, y lo hará por vez primera al cabo de 2-3 años, cuando la planta ya haya alcanzado cierta envergadura. Emana una suave y delicada fragancia. **Fruto:** ovoide, verde o amarillento de 3-4 cm. **Floración:** otoño, principio de invierno.

CULTIVO. Prefiere sombra muy luminosa, pero hay que exponerlo a alguna hora de sol. Es resistente al frío, pero hay que protegerlo de las heladas. Su temperatura media debe mantenerse por encima de los 15 °C porque no precisa pasar por un periodo frío para florecer. Aunque tolera la sequía, le gusta recibir cierta humedad, por lo que es aconsejable regar una vez por semana o cada 15 días en verano. Se propaga bien por semillas y esquejes del tallo.

CURIOSIDADES. Puede ser confundido con *Selenicereus anthonyanus*, pero en este último los lóbulos son redondeados o cuadrados.

Tafel 91.

Epiphyllum hybridus
CACTUS ORQUÍDEA PLUMA DE SANTA TERESA

Familia: Cactaceae. **Subfamilia:** Cactoideaé. **Tribu:** Hylocereeaé. **Origen:** México, Argentina, Centroamérica. **Hábitat:** cactus epífito de bosques húmedos.

Epiphyllum hybridus

Características

Tallo: es carnoso, segmentado, plano y lobulado. Los lóbulos son anchos y suavemente ondulados. Muy ramificados, los tallos son colgantes y pueden alcanzar los 30 cm de longitud y 5 cm de ancho. **Espinas:** carece de espinas, pero presenta pequeñas areolas estéricas de color blanco. **Flores:** botón floral alargado y tubular de color verde o marrón rojizo. Puede medir 6-12 cm de largo y cuando se abre alcanza unos 6-8 cm de diámetro. Según las variedades, la flor puede ser rosa, roja, morada, pero a cambio de esta diversidad de colores ha perdido la fragancia. Se abre durante el día y permanece abierta varios días. **Fruto:** ovoide, verde o rojizo con pulpa blanca y dulce, contiene numerosas semillas negras. **Floración:** otoño.

CULTIVO. No debe ponerse al sol directo; es preferible proporcionarle una luz tamizada o exponerlo solo al sol de primera hora de la mañana y última de la tarde. Necesita un sustrato rico, a base de arena mezclada con humus o tierra para orquídeas. Requiere mantener cierta humedad sin que llegue a encharcarse. Se multiplica bien por esquejes del tallo de unos 20 cm de largo.

CURIOSIDADES. Se trata de una planta de largos tallos con una floración espectacular que resulta idónea para cestos colgantes en interiores o para macetas en balcones y terrazas.

Tafel 156.

Epiphyllum crenatum

Epiphyllum crenatum
EPIPHYLLUM CRENATUM

Familia: Cactaceae. **Subfamilia:** Cactoideae. **Tribu:** Hylocereeae. **Origen:** Centroamérica. **Hábitat:** cactus epífito de bosques húmedos de Guatemala y Honduras y valles montanos de México.

Características

Tallo: aplanado, carnoso y, como su nombre indica, crenado, es decir, presenta unos bordes ondulados. Es de color verde azulado. Se ramifica con facilidad. Los tallos crecen verticalmente, aunque caen debido al peso. **Espinas:** no tiene espinas, pero se distinguen algunas cerdas en las pequeñas areolas. **Flores:** el botón floral es largo y tubular y puede medir 10-25 cm. Cuando se abre, la flor alcanza unos 12-20 cm de ancho. La flor es de color blanco, crema o amarillo verdoso; con sépalos largos más anaranjados y estambres y estigma color crema. Se abre durante la noche, pero permanece viva sobre la planta durante varios días. **Fruto:** globoso, de color rojo y con algunas espinas. **Floración:** primavera, principio de verano.

Cultivo. Puede cultivarse a pleno sol, pero le va mejor estar situada entre sol y sombra. Algo de sol directo a finales de invierno estimula la floración en primavera. Necesita un sustrato rico, pero que proporcione un buen drenaje, como una mezcla de mantillo y arena. Requiere humedad constante. Se propaga fácilmente por esquejes de los tallos.

Epiphyllum thomasianum

EPIPHYLLUM THOMASIANUM

Familia: Cactaceae. **Subfamilia:** Cactoideae. **Tribu:** Hylocereeae. **Origen:** Centroamérica.
Hábitat: crece entre 1.100-1.200 m de altitud, en las selvas húmedas tropicales.

Características

Tallo: aplanado, carnoso, con los bordes ondulados con lóbulos grandes y semicirculares.
Muy ramificado y de tallos colgantes. Es de color verde intenso, aunque los nuevos brotes
son rojizos. Puede crecer hasta los 3 m a partir de las ramificaciones. **Espinas:** no tiene.
Flores: largas, acampanadas. Surgen de un largo tubo floral que nace de una de las areolas. Pueden medir hasta 30 cm de largo y 11 cm de ancho. La flor es blanca con pétalos
lanceolados. Los sépalos de color amarillo verdoso y rojizos son estrechos y largos. **Fruto:**
largo y ovoide de color púrpura brillante. **Floración:** primavera, principio de verano.

CULTIVO. Puede cultivarse a pleno sol,
pero le va mejor la semisombra.
Necesita un sustrato rico, pero con
buen drenaje. Requiere humedad
constante. Se propaga por esquejes de los tallos.

**Epiphyllum
thomasianum**

CURIOSIDADES. Las yemas de las flores
emergen por la parte de atrás de los tallos;
esta particularidad no ocurre en ningún
otro ejemplar de Epiphyllum.

Erepsia pillansii

EREPSIA PILLANSII

Familia: Aizoaceae. **Subfamilia:** Ruschioideae. **Tribu:** Ruschieae. **Origen:** Sudáfrica. **Hábitat:** en pendientes, terrenos pedregoso y suelos de arenisca. Sobre los 500-1.000 m de altitud.

Características

Tallo: pequeña suculenta arbustiva que alcanza uno 80 cm de alto. Ramificación escasa de los tallos que son cuadrangulares y de color rojizo glauco. Miden 0,40 cm de diámetro. **Hojas:** verde azuladas, con la punta tintada de color cobre. Sentadas, simples, pequeñas y carnosas; con forma de uña de gato y con el margen entero. Tienen un diámetro de 0,5 cm y 4 cm de largo. Se disponen de forma alterna sobre el tallo. **Flores:** solitarias, de color púrpura y blanco. Tiene entre 3-6 cm de diámetro. Los numerosísimos pétalos tienen forma de paleta, con la base muy estrecha y blanca y el extremo superior redondeado y de color magenta-púrpura. **Frutos:** se trata de una cápsula de 1,5 cm de diámetro, marrón, dehiscente y con diez lóbulos por cápsula. **Floración:** final de verano, principio de otoño.

Cultivo. Necesita una exposición al sol parcial y proporcionarle un sustrato arenoso que drene bien. Es tolerante a la sequía y puede ser regada cada 15 días, aunque unas hojas arrugadas por la deshidratación pueden marcar un aumento de la frecuencia de riegos.

Erepsia
pillansii

Escobaria missouriensis

ESCOBARIA MISSOURIENSIS

Familia: Cactaceae. **Subfamilia:** Cactoideae. **Tribu:** Cacteae. **Origen:** Estados Unidos (Dakota del Norte, Texas, Arizona, Nuevo México, Colorado) y norte de México (Coahuila). **Hábitat:** mesetas rocosas, llanuras secas o praderas de hierba corta.

Características

Tallo: cactus de forma globosa, solitario, que a veces forma pequeñas agrupaciones de individuos que surgen de la base de la planta principal. **Espinas:** numerosas. De 6-20 espinas radiales muy agudas, de color crema o marrones, de 0,4-1,5 cm de largo. Las centrales pueden estar ausentes o aparecer de una a tres, también de color claro y con una longitud de hasta 2 cm. **Flores:** nacen en el ápice, de 2,5 cm de largo. Al abrirse muestran sus pétalos, que quedan casi verticales y tienen una gran variabilidad cromática que va del amarillo dorado al rosa. **Fruto:** baya esférica, algo ovoide, carnosa y de color naranja-rojo escarlata. **Floración:** verano.

CULTIVO. Necesita pleno sol o una sombra parcial. Resiste el frío. En verano aguanta tanto la sequía como la humedad. Se propaga por semillas o mediante esquejes por cortes del tallo.

Escobaria missouriensis

CURIOSIDADES. Es tolerante a temperaturas extremas. Algunos ejemplares originarios pueden sobrevivir a -30 °C.

Euphorbia officinarum
CARDÓN MORUNO

Euphorbia officinarum

Familia: Euphorbiaceae. **Subfamilia:** Euphorbioi-deae. **Tribu:** Euphorbieae. **Subtribu:** Euphorbiinae. **Origen:** Marruecos. **Hábitat:** terrenos áridos con cierta humedad ambiental. Crece desde el nivel del mar a los 1.900 m de altitud.

Características

Tallo: carnoso, erecto y ramificado, de aspecto candelabriforme que recuerda al de un cactus, pero no se trata de un verdadero cactus, ya que solo las euforbias poseen látex: un líquido blanco, espeso y pegajoso que presenta cierta toxicidad. Forma agrupaciones o colonias hemisféricas que llegan a abarcar 1 m de diámetro y 60 cm de altura. **Espinas:** de 0,5-20 cm de largo, son muy fuertes y crecen muy juntas en parejas. Son de color rojizo al principio y más tarde grises o blancas. **Hojas:** rudimentarias y situadas en la base de las espinas. Caen muy pronto. **Flores:** están reunidas en una especie de urna o copa llamada ciatio, de color amarillo a rojo púrpura. El ciatio consta de una sola flor femenina central con un ovario tricarpelar rodeado por varias flores masculinas reducidas a un solo estambre pedunculado. **Fruto:** es una cápsula que se abre en tres partes, en cada una de las cuales se encuentra una semilla. **Floración:** verano a otoño.

CULTIVO. Necesita una exposición a pleno sol o semisombra. El sustrato puede ser tierra normal de jardín con algo de abono. Es tolerante a la sequía, por lo que se puede regar cuando la tierra esté bien seca. Se propaga por semillas o por esquejes, pero hay que tener cuidado con el látex.

Detalles de la flor

Euphorbia officinarum

Detalles del fruto

Detalles de la semilla

CURIOSIDADES. Los saharauis aprovechan la toxicidad de la planta para calmar el dolor de muelas poniendo un trozo de planta fresca sobre la pieza afectada.

Faucaria felina
FAUCARIA FELINA

Familia: Aizoaceae. **Subfamilia:** Ruschioideae. **Tribu:** Ruschieae. **Origen:** Provincia del Cabo (Sudáfrica). **Hábitat:** terrenos pedregosos semiáridos a 450-900 m altitud.

MESEMBRYANTHEMUM felinum.

Faucaria felina

Características

Tallo: pequeña planta suculenta que puede alcanzar los 15 cm de alto. Muy ramificada y densa; forma un pequeño arbusto bajo. Las hojas no permiten identificar el tallo. **Hojas:** triangulares, carnosas, que terminan en forma de quilla de barco. Tienen el margen dentado, aunque en realidad es suave, con puntas agudas que acaban en pelos finos. Sentadas y con disposición alterna; de 2-4 pares en una rama. **Flores:** grandes, de 4 cm de diámetro con un gran número de pétalos; unos 200, son muy largos y finos, de color amarillo brillante, a veces con el extremo rojo. Necesitan el sol directo para abrirse totalmente. Se abren al mediodía y se cierran por la tarde. **Fruto:** tiene forma de cápsula de 1 cm de ancho, es dehiscente y las semillas se dispersan con las gotas de lluvia o cierto grado de humedad ambiental que abrirá la cápsula. **Floración:** otoño, aunque también en primavera y verano si las condiciones son favorables.

Faucaria felina tuberculosa

CULTIVO. Necesita exposición solar directa o sombra parcial. Precisa un suelo con mezcla de arena y mantillo con buen drenaje. Se propaga por semillas, por esquejes y por separación de rosetas.

Ferocactus macrodiscus

FEROCACTUS MACRODISCUS

Familia: Cactaceae. **Subfamilia:** Cactoideae. **Tribu:** Cacteae. **Origen:** Oaxaca (México).
Hábitat: altiplanicie mexicana, con arbustos y árboles ubicados en áreas muy secas.

Características

Tallo: cactus solitario, de forma globosa, muy aplanado, más ancho que largo, 40 cm de diámetro y 25 cm de alto. Es de color verde azulado. **Espinas:** de color amarillo o con bandeado rojo-magenta. Consta de 6-8 espinas radiales y de 1-4 espinas centrales más largas. **Flores:** acampanadas de 4 cm de diámetro con numerosos pétalos lanceolados que no llegan a abrirse plenamente; son de color rosa con bandeado magenta. Los botones florales surgen de la zona apical. **Fruto:** globular de color rojo de 2 cm de ancho. **Floración:** primavera, principio de verano.

CULTIVO. Cactus de crecimiento muy lento. Necesita exposición al sol y un terreno bien drenado, pues es muy susceptible al exceso de humedad, sobre todo durante el periodo invernal. En invierno los riegos deben ser escasos. Se propaga bien por semillas.

**Ferocactus
macrodiscus**

CURIOSIDADES. Vive semienterrado en el suelo arenoso, a la espera de las escasas lluvias que lo hincharán y le harán sobresalir y florecer.

Gasteria carinata

GASTERIA CARINATA

Familia: Xanthorrhoeaceae. **Subfamilia:** Asphodeloideae. **Origen:** norte y este de África. **Hábitat:** terrenos montañosos, lugares rocosos y pedregosos como lechos de arroyos secos. Desde nivel del mar hasta 300 m de altitud.

Características

Tallo: muy corto, casi inexistente. Las hojas carnosas y largas conforman una roseta con las hojas centrales más o menos erectas que pueden alcanzar 3-18 cm de altura. **Hojas:** carnosas y turgentes, lanceoladas, opuestas una frente a otra. Las hojas son triangulares, gruesas, en posición ascendente y de color verde oscuro grisáceo. Tienen la superficie rugosa y áspera debido a las manchas verrugosas de color blanco. **Flores:** inflorescencia larga de 15-70 cm. Las flores se disponen en racimo, son tubulares, colgantes y de color naranja en la parte basal más hinchada y blanca con franjas verdes en la corola tubular. Mide en total unos 3-5 cm de largo con un pedicelo de 1,5 cm. **Floración:** invierno y finales de primavera.

Gasteria carinata

CULTIVO. Requiere mucha luz, pero preferiblemente que sea indirecta. Precisa un suelo bien drenado, por lo que le vendrá bien una mezcla de sustrato para cactus estándar. Los riegos deben ser espaciados. Hay que dejar secar antes de volver a regar. No aguanta las heladas. Se propaga bien por esquejes de las hojas.

CURIOSIDADES. La variedad verrucosa llama la atención por poseer una superficie de las hojas densamente tuberculada.

Gymnocalycium damsii

GYMNOCALYCIUM DAMSII

Familia: Cactaceae. **Subfamilia:** Cactoideae. **Tribu:** Trichocereeae. **Origen:** Bolivia, Brasil, Paraguay. **Hábitat:** terrenos abiertos y con gran exposición solar.

Características

Tallo: cactus por lo general solitario, de forma globosa, de unos 10 cm de alto y entre 8 y 10 cm de ancho. Es de color verde pálido u oscuro. **Espinas:** las radiales, de 5-8, son cortas (1,2-1,8 cm) y algo débiles. Se abren y curvan hacia fuera. Son de color crema o dorado. **Flores:** en forma de embudo, de unos 6-8 cm de largo, con un tubo floral de color verde que presenta algunas brácteas y corola formada por sépalos verdes con el extremo marrón y pétalos de color blanco o crema, tendiendo al rosado. Posee numerosos estambres de tono crema. Los botones florales surgen de la zona apical. **Fruto**: bayas oblongas de color rojo de unos 2,5 cm de largo y 0,5 cm de ancho. **Floración:** primavera y principio de verano.

CULTIVO. Puede ubicarse en un espacio con sol directo o en semisombra. Necesita un suelo bien drenado con, por ejemplo, una mezcla de arena gruesa con mantillo. Requiere riegos en verano. Se propaga bien por semillas sembradas tras el invierno.

Gymnocalycium damsii

CURIOSIDAD. Las espinas centrales por lo general están ausentes, aunque ciertas subespecies sí hacen gala de una larga espina central.

Gymnocalycium gibbosum

Gymnocalycium gibbosum

GYMNOCALYCIUM GIBBOSUM

Familia: Cactaceae. **Subfamilia:** Cactoideae. **Tribu:** Trichocereeae. **Origen:** sur de Argentina. **Hábitat:** crece en suelos arenosos y con grava correspondientes a lechos de arroyos secos.

Características

Tallo: simple, de cuerpo globoso pero aplastado en su extremo apical. Puede alcanzar una talla próxima a los 10-20 cm de alto y 5-15 cm de diámetro. De color verde oscuro y grisáceo, con ciertos tonos rojizos que se incrementan con una mayor exposición solar. **Espinas:** muy duras, irradian hacia fuera sin arquearse y son de color dorado con tendencia a oscurecerse. De 5-7 radiales de 2,5 cm de largo y sin espina central o hasta un máximo de dos de 2,5 cm de largo. **Flores:** en forma de embudo, de unos 6-8 cm de largo y 6-6,5 cm de diámetro cuando se abre. El tubo floral es de color verde y pétalos de color blanco nacarado con un degradado rosa y con nervadura marrón. Numerosos estambres de tono crema, y el estigma,

CURIOSIDADES. Este cactus contiene alcaloides que pueden ser utilizados en medicina como estimulantes y sedantes.

con diez lóbulos, es de color blanco. Los botones florales brotan de los hombros y zona apical. **Fruto:** ovoides, verdes, de unos 5 cm de largo y 1 cm de ancho, dehiscentes. Semillas negras y grandes, de 1,5 cm de diámetro. **Floración:** primavera, principio de verano.

Cultivo. Puede ubicarse en un lugar que le dé sol directo o situarlo en semisombra. Necesita un suelo bien drenado que se puede facilitar con sustrato para cactus estándar. Requiere agua con regularidad en verano, pero evitando el encharcamiento. Se multiplica por semillas.

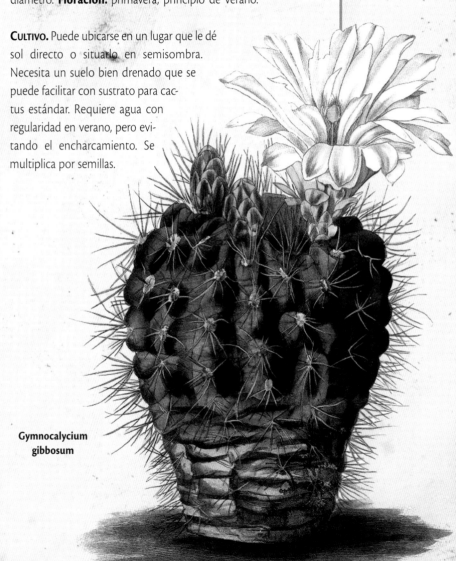

**Gymnocalycium
gibbosum**

Gymnocalycium mostii

GYMNOCALYCIUM MOSTII

Familia: Cactaceae. **Subfamilia:** Cactoideae. **Tribu:** Cacteae. **Origen:** Córdoba (Argentina). **Hábitat:** se encuentra en las sierras de Córdoba. Crece en cavidades creadas en rocas de desfiladeros, entre hierbas y al abrigo de rocas cubiertas con musgo.

Características

Tallo: por lo general, solitario, aunque puede formar pequeños grupos con los años, de forma globosa ligeramente deprimido en la zona apical, si bien hay ejemplares que pueden ser más aplanados y, al contrario, tener una forma cilíndrica corta. Llega a los 30 cm de alto y 15-22 cm de diámetro. De color verde algo apagado. **Espinas:** de 1-4 espinas centrales que alcanzan más de 4 cm de largo. Las radiales, de 9-15, no llegan a superar esos 4 cm de largo. Todas son claras con puntas marrones que con la edad se van oscureciendo. **Flores:** forma de copa de unos 5-7 cm de largo y 5-8 cm de diámetro cuando se abre. Es blanca o rosa pálido con garganta naranja y estambres de color amarillo pálido o rosa. **Fruto:** forma ovoide, color verde, de 2-3 cm de diámetro. Muestra una dehiscencia vertical. **Floración:** primavera, principio de verano.

CULTIVO. Necesita sol o sombra parcial. También puede cultivarse a la sombra siempre que haya una buena luminosidad. Precisa un sustrato bien drenado. Crece bien en macetas, aunque las raíces son abundantes, por lo que conviene colocarlo en un contenedor mediano. Es resistente a la sequía, aunque en verano necesita riegos moderados. Se propaga por semillas.

Gymnocalycium saglionis

GYMNOCALYCIUM SAGLIONIS

Familia: Cactaceae. **Subfamilia:** Cactoideae. **Tribu:** Cacteae. **Origen:** noroeste de Argentina, sur de Bolivia. **Hábitat:** entre los 500-800 m de altitud en terrenos pedregosos, al abrigo de rocas y de vegetación.

Características

Tallo: solitario, globoso, aunque con cierta tendencia cilíndrica, deprimido hacia su extremo apical. Puede llegar a 1 m de altura y 30-40 cm de diámetro. De color verde oscuro a verde amarillento. **Espinas:** muy variadas que van desde el color rojo hasta el marrón amarillento y el negro. De 3-4 cm de longitud con 10-15 radiales que se curvan hacia la planta y 1-6 centrales. **Flores:** con forma acampanada; al abrirse mide unos 4 cm de diámetro. Las flores son rosadas con la garganta roja. **Fruto:** oblongo, con pericarpio de color magenta y liso, de unos 4 cm de diámetro. Presenta dehiscencia vertical con pulpa de color verde traslúcida cargada de semillas negras.

Floración: primavera y principio de verano.

CULTIVO. Puede cultivarse a pleno sol, pero en verano no se le debe exponer en las horas centrales del día. Admite sombra muy luminosa. Se propaga por semillas.

Gymnocalycium saglionis

CURIOSIDADES. El fruto es consumido localmente como fruta fresca por tener un sabor dulce y ser muy jugoso.

Flor

Fruto

Harrisia
eriophora

Harrisia eriophora

HARRISIA ERIOPHORA

Familia: Cactaceae. **Subfamilia:** Cactoideae. **Tribu:** Trichocereeae. **Origen:** Florida (Estados Unidos) y Cuba. **Hábitat:** lomas y suelo arenoso de zonas costeras, desde el nivel del mar hasta 50 m de altitud.

Características

Tallo: columnar, erecto, aunque puede inclinarse hasta quedar postrado. Es ligeramente ramificado. Puede alcanzar de 1-3 m de altura. **Espinas:** 6-9 espinas radiales de 2,5-4,5 cm de largo, blancas o amarillas con bandeado marrón oscuro; las centrales (entre 1-4 y de 5 cm) son de color marrón oscuro. **Flores:** tubular, de 18 a 20 cm de largo. Se abre durante la noche y es de color blanco o rosado, de 10 cm de diámetro y emana una suave fragancia. Destacan unos pelos largos y blancos, de 1-1,5 cm, que cuelgan de las areolas de donde brota la flor. **Floración:** primavera. **Fruto:** globular, de color amarillo. Alcanza los 5 cm de diámetro y su pulpa blanca contiene cientos de semillas. Los frutos pueden permanecer en la planta unos ocho meses.

CULTIVO. Prefiere crecer bajo una sombra parcial o al sol en las horas de menos intensidad. Requiere un riego moderado cada 4-5 semanas o cuando el terreno esté bien seco. El sustrato debe ser arenoso con una mezcla ligera de abono. Puede propagarse por semillas o por esquejes del tallo.

CURIOSIDADES. Es más habitual encontrarla en invernaderos que en plena naturaleza.

Harrisia jusbertii

Familia: Cactaceae. **Subfamilia:** Cactoideae. **Tribu:** Trichocereeae. **Origen:** Argentina.
Hábitat: lomas y suelo arenoso de costa, desde el nivel del mar hasta 50 m de altitud.

Características

Tallo: de porte columnar, erecto, con ramificaciones en ejemplares maduros que caen formando pequeños arbustos. Puede alcanzar 0,50-1 m de altura y 6 cm de diámetro. **Espinas:** de color marrón y cortas en general, pero muy robustas. Posee alrededor de siete espinas radiales y una central. **Flores:** con forma de embudo y muy largas de 18 a 20 cm. El largo tubo floral es verde con abundantes brácteas de color marrón. Se abre durante la noche y es ligeramente olorosa. Numerosos pétalos lanceolados anchos. **Floración:** primavera. **Fruto:** globular, de color amarillo-magenta. Presenta algunas escamas en el pericarpio. Su pulpa es blanca y contiene numerosas semillas.

Cultivo. Ubicar a pleno sol o en semisombra en un suelo mixto, rico y poroso. Es resistente a la sequía. Se propaga por semillas o esquejes de los tallos.

Harrisia jusbertii

Curiosidad. Debido a su gran resistencia a las condiciones adversas de frío y luz, se emplea a menudo como soporte para injertar numerosas especies de cactus.

Harrisia tortuosa

HARRISIA TORTUOSA

Familia: Cactaceae. **Subfamilia:** Cactoideae. **Tribu:** Trichocereeae. **Origen:** Argentina, Bolivia, Paraguay, Uruguay. **Hábitat:** terrenos pedregosos y zonas semiáridas.

Características

Tallo: largo, cilíndrico y articulado, de color verde glauco. Tiene un crecimiento postrado formando matas enmarañadas de unos 50 cm de altura. Los tallos pueden alcanzar 2 m de longitud y 4-5 cm de diámetro. **Espinas:** muy agudas. De 4-6 espinas radiales de 1-3 cm de largo y 1-3 espinas centrales de 3-5 cm de largo, de color gris. **Flores:** grande con forma de embudo. El tubo floral es largo (unos 12-15 cm), de color verde y con brácteas rojizas. Las flores se abren por la noche y son blancas con un tinte rosado y tiene estambres color crema. **Floración:** primavera. **Fruto:** de color rojo, globoso de 4-5 cm de diámetro, con escamas vellosas dispersas. Numerosas semillas negras envueltas en una pulpa blanca y jugosa.

CULTIVO. Le gusta la exposición solar directa con media sombra, aunque prospera sin problemas con sombra total. Necesita un sustrato con buen drenaje y riego moderado.

> **CURIOSIDAD.** Es una planta con un crecimiento y adaptabilidad muy grandes, por lo que se ha convertido en una plaga en ciertas localidades, como en el sur de Estados Unidos o en Australia.

Harrisia
tortuosa

Fruto

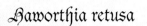

Haworthia retusa
HAWORTHIA RETUSA

Familia: Xanthorrhoeaceae. **Subfamilia:** Asphodeloideae. **Origen:** Provincia del Cabo (Sudáfrica). **Hábitat:** colinas o laderas soleadas donde crece bajo los arbustos o a la sombra de grandes piedras.

Características

Tallo: planta suculenta que tiene un desarrollo en pequeñas rosetas. El tallo es muy corto, prácticamente inexistente. Puede alcanzar 5 cm de altura y 10-15 cm de diámetro, aunque la agrupación de varias rosetas conforma matas más amplias. **Hojas:** gruesas y muy carnosas, de aspecto traslúcido, con color verde más oscuro y franjas blancas en el haz. Miden 5 cm de largo y 2 cm de ancho. **Flores:** crecen a lo largo de un vástago floral de unos 12 cm de alto. Son pequeñas, de color blanco, con un estriado verde en sus pétalos. No son especialmente llamativas. **Floración:** a finales de primavera y principio de verano.

Haworthia
retusa

CULTIVO. Necesita una exposición solar moderada o sombra muy luminosa. Temperaturas cálidas y un suelo bien drenado con algo de materia orgánica. Se desarrollan bien en macetas poco profundas, ya que evita que se retenga demasiada humedad. Propagación por división de rosetas que crecen en su base o por esquejes de sus hojas.

Haworthia viscosa

HAWORTHIA VISCOSA

Haworthia viscosa

Familia: Xanthorrhoeaceae. **Subfamilia:** Asphodeloideae. **Origen:** Provincia del Cabo (Sudáfrica). **Hábitat:** colinas o laderas soleadas de Little Karoo (El Cabo), donde crece bajo los arbustos.

Características

Tallo: planta suculenta compacta, de tallo erecto, largo, verde oscuro, sobre el que se colocan las hojas apiladas en tres filas. Puede alcanzar 20 cm de altura y 30-35 cm de ancho, hojas incluidas, y formar pequeñas matas por crecimiento de nuevos vástagos desde la base. **Hojas:** triangulares, carnosas, imbricadas, es decir, nacen apiladas de forma ascendente, desarrollando densas columnas verticales. Son de color verde oscuro, cóncavas en el haz, en algunas ocasiones con los márgenes blancos y pueden tener una tonalidad roja o cobriza hacia las puntas de las hojas. De unos 7 cm de largo y 3 cm de espesor. **Flores:** produce inflorescencia con pequeñas flores tubulares (de 1 cm) y blancas que crecen sobre un vástago floral de unos 15-20 cm de largo. **Floración:** a finales de primavera y principio de verano.

CULTIVO. Le gusta la sombra con mucha luz. Se desarrolla bien en macetas poco profundas para interiores. Si se expone al sol, solo se hará cuando la radiación es más débil: a primera hora de la mañana o a última de la tarde. El suelo debe ser rico y poroso, con buen drenaje. Se propaga por esquejes por cortes de tallo, esquejes foliares o semillas.

CURIOSIDADES.
Esta planta, que posee más de 15 variedades, es muy apreciada en jardinería ornamental por su característico crecimiento geométrico.

Haworthia viscosa

P. J. Redouté del.

Hylocereus lemairei

HYLOCEREUS LEMAIREI

Familia: Cactaceae. **Subfamilia:** Cactoideae. **Tribu:** Hylocereeae. **Origen:** sur de México, Centroamérica, Costa Rica, Panamá, Colombia, Venezuela. **Hábitat:** cactus epífito que crece en bosques subhúmedos y valles montanos.

Hylocereus lemairei

Características

Tallo: delgado y anguloso; triangular con tres costillas marcadas. Es de color verde, con el margen ondulado y areolas pequeñas con poca vellosidad y de color marrón separadas entre sí unos 2 cm. Presenta abundante ramificación y puede alcanzar 120 cm de longitud y 5-7 cm de ancho. Los tallos caen rápidamente debido al peso. **Espinas:** de 2-5 espinas muy cortas y robustas. **Flores:** muy grandes, de unos 30 cm, con forma de embudo. El botón floral es largo y tubular y puede medir 10-28 cm. Cubiertas con grandes escamas. Cuando se abre, la flor alcanza unos 12-20 cm de ancho. La flor es de color blanco, crema o amarillo verdoso. Con sépalos externos verduzcos, largos y estrechos, pétalos blancos y numerosos estambres blancos coloreados de rosa en la base. Estigma color crema y lobulado. Se abre durante la noche. **Floración:** primavera, principio de verano. **Fruto:** oblongo, grande, de unos 15 cm de largo, de color escarlata con grandes escamas persistentes. La pulpa es blanca o púrpura comestible, aunque de sabor algo insípido.

CULTIVO. Puede cultivarse a pleno sol, aunque es más beneficioso para la planta ubicarla en semisombra con un sustrato rico en materia orgánica pero con buen drenaje. Requiere humedad, por lo que en verano necesita riegos regulares, pero sin que llegue a encharcarse la tierra. En invierno pueden espaciarse los riegos. Tolera el frío y las heladas, siempre que la tierra esté seca. Este cactus se propaga fácilmente por esquejes de los tallos.

**Hylocereus
lemairei**

CURIOSIDADES.
Los tallos pueden
trepar gracias a
sus raíces aéreas,
por lo que puede
cultivarse bien
como planta
colgante o como
trepadora.

**Hylocereus
lemairei**

Hylocereus setaceus

HYLOCEREUS SETACEUS

Familia: Cactaceae. **Subfamilia:** Cactoideae. **Tribu:** Hylocereeae. **Origen:** Argentina, Bolivia, Brasil. **Hábitat:** cactus epífito de bosques subcaducifolios y caducifolios. Crece de 0 a 1.000 m de altitud.

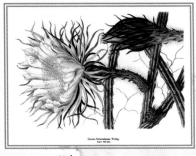

Hylocereus setaceus

Características

Tallo: delgado y anguloso; trialado, cada una de las alas pueden tener unos 1-3 cm de profundidad. El tallo es de color verde brillante; posee tres costillas de margen ondulado y de color blanquecino amarillento debido a una corteza que recorre el margen de las costillas uniendo las areolas. Está densamente ramificado. Los tallos pueden alcanzar una longitud de 3 m y formar unas pesadas matas de casi 2 m de diámetro. **Espinas:** de 2-5 espinas muy cortas y robustas. **Flores:** grandes, largamente infundibuliformes, de unos 25 cm de largo. El tubo floral es largo y angosto, en ocasiones encorvado y está recorrido de brácteas con pelos y espinas débiles. La flor posee un perianto de unos 20 cm de diámetro con numerosos sépalos verdosos, largos y lanceolados. Los pétalos, más anchos, son blancos y permanecen más cerrados formando una copa que esconde a los numerosos estambres de color crema y al estigma lobulado de color amarillo verdoso. Es de floración nocturna. **Floración:** primavera y principio de verano. **Fruto:** oblongo, grande, de unos 10 cm de largo, de color escarlata con grandes escamas persistentes. Es dehiscente verticalmente. La pulpa es blanca o púrpura y comestible, aunque algo insípida. Repleta de semillas negras.

Cultivo. Se desarrolla fácilmente en el suelo o en maceta y mejor en un lugar con sombra parcial. Requiere un riego regular en los meses de más calor, evitando el encharcamiento. Se propaga mediante segmentos del tallo que han emitido raíces aéreas.

Curiosidades. Aunque el fruto es comestible, no resulta tan dulce y apreciado como el de *Hyalocereus undatus*.

Hylocereus setaceus

Hylocereus undatus
PITAHAYA, FRUTA DEL DRAGÓN

Familia: Cactaceae. **Subfamilia:** Cactoideae. **Tribu:** Hylocereeae. **Origen:** Centroamérica. **Hábitat:** regiones intertropicales de todo el mundo

Características

Fruto

Tallo: cactus trepador a veces epífito que se sirve de los árboles para obtener soporte. Los tallos carnosos son trilobulados, largos, trepadores, rastreros o colgantes, muy ramificados y cuyo diámetro no llega a los 10 cm. Pueden alcanzar 3 m de longitud. **Espinas:** no suele presentar espinas, pero pueden aparecer de 1-3 espinas débiles en las areolas. **Flores:** se abren durante la noche y no suelen durar más de 24 horas. Son aromáticas y de gran tamaño; pueden medir 25-30 cm de largo y hasta 35 cm de diámetro. Presentan unos delgados y largos tépalos externos de color verde amarillento a los que siguen otros blancos o cremosos más anchos que dan lugar a una corola en forma de copa. En su interior hay multitud de estambres color crema y un estilo con estigma amarillo muy lobulado. **Fruto:** oblongo y carnoso, de 15 cm de largo y alrededor de 300 a 700 g de peso. Es de color púrpura o magenta con grandes escamas o brácteas en su superficie. El interior está lleno de una pulpa blanca muy jugosa y dulce que contiene centenares de semillas negras. **Floración:** primavera y principio de verano.

Hylocereus undatus

CULTIVO. Requiere una ubicación en semisombra y un sustrato rico que asegure un buen drenaje. Puede soportar temperaturas bajas con una media en invierno de 10 °C. Un riego a la semana será suficiente. En invierno no es necesario el riego. Se propaga mediante esquejes del tallo.

Kleinia neriifolia

VERODE

Familia: Asteraceae. **Subfamilia:** Asteroideae. **Tribu:** Senecioneae. **Origen:** Islas Canarias (España). **Hábitat:** terrenos erosionados, barrancos, laderas, rocas y superficies abruptas y áridas. **Sinónimo:** *Senecio klenia*.

Características

Tallo: puede alcanzar 1,5-2 m de alto y más de 1 m de diámetro. El tallo es carnoso, segmentado y muy quebradizo. De color verde o marrón, leñoso con la edad y marcado con las cicatrices de las hojas caídas. **Hojas:** carnosas, largas, elíptico-lanceoladas de 6-15 cm de largo y entre 1-3 cm de ancho. De color verde, sésiles y con una pronunciada nervadura central y de color verde. **Flores:** se agrupan en inflorescencias corimbosas. Son tubulares con cinco pétalos fusionados de color blanco amarillento. Emana de ellas una dulce fragancia. **Frutos:** las semillas poseen un penacho de pelos que favorecen la dispersión. **Floración:** verano.

CULTIVO. Le gusta la exposición solar, aunque también tolera la semisombra. Necesita un suelo poroso, bien drenado. Con riego moderado en verano y escaso o nulo en invierno. No soporta las heladas. Se propaga por semillas y por esquejes.

Kleinia neriifolia

CURIOSIDADES. Según en qué isla se localicen, los ejemplares difieren en la morfología de las hojas. Estas pueden ser más o menos lanceoladas o elípticas.

FICOÏDE à belles fleurs.

Lampranthus spectabilis

Lampranthus spectabilis
LAMPRANTO

Familia: Aizoaceae. **Subfamilia:** Ruschioideae. **Tribu:** Ruschieae. **Origen:** Sudáfrica. **Hábitat:** crece desde el nivel del mar a los 1.000 m en laderas pedregosas, bordes de acantilados y terrenos despejados con gran exposición solar y clima cálido.

Características

Tallo: planta suculenta de porte herbáceo con tallos rastreros que forma amplias y densas matas bajas. Alcanza unos 10-30 cm de alto. Los tallos son carnosos, de color verde, muy ramificados. **Hojas:** carnosas, alargadas, de 1,5 cm, curvadas hacia arriba en la punta y de sección triangular. De color verde con superficie tapizada de minúsculas glándulas. **Flores:** llamativas flores, de 4-5 cm de diámetro, de color magenta o púrpura brillante con el centro amarillo. Se abren al sol y se cierran al atardecer. Poseen numerosos pétalos largos y estrechos, con estambres amarillos. La floración, que dura unos 20 días, es abundante, de forma que brillantes botones rosas ocultan el resto de la planta. **Fruto:** cápsula dehiscente que se abre y propaga las semillas con las gotas de lluvia. **Floración:** verano.

Cultivo. Resulta fácil. Es apta para macetas, aunque su mayor provecho está en el cultivo de exteriores. Se trata de una especie muy resistente que crece bien en suelos pobres y bien drenados, aunque su punto débil son las heladas intensas. Sin embargo, es capaz de aguantar temperaturas de -7 °C, pero de forma puntual. Agradece una exposición total al sol o con sombra parcial, al resguardo del frío intenso. No hay que olvidar que el sol es muy importante para inducir la floración. Esta planta es bastante tolerante a la sequía y no necesita riego abundante; una vez cada dos o tres semanas en verano y más espaciado en invierno. Se multiplica por esquejes del tallo que enraízan rápidamente en cualquier época del año.

Lampranthus spectabilis

CURIOSIDADES. Es una planta idónea para los jardines xerófilos y como cobertora de taludes o parcelas erosionadas, ya que es una excepcional tapizante.

Mammillaria brandegeei

MAMMILLARIA BRANDEGEEI

Familia: Cactaceae. **Subfamilia:** Cactoideae. **Tribu:** Cacteae. **Origen:** Baja California (México) **Hábitat:** áreas desérticas desde el nivel del mar a 200 m de altitud, entre las rocas o al abrigo de la escasa vegetación.

Características

Tallo: planta solitaria de tallo globoso o cilíndrico, deprimido en su extremo apical, de 9 cm de diámetro y que puede alcanzar los 10-15 cm de alto. **Espinas:** la planta está densamente poblada de espinas, las cuales son delgadas, rectas y muy rígidas. De las areolas surgen de 8-19 espinas radiales blancas o amarillentas, pueden tener la punta marrón y se disponen casi horizontalmente a la superficie de la planta. **Flores:** de las axilas crecen varias flores que se disponen a modo de guirnalda en todo el perímetro del cactus, en la frontera entre la parte más antigua y la de nuevo crecimiento. Las flores, diurnas, son pequeñas, de 1,5-2 cm de longitud, de pétalos lanceolados amarillo verdosos y con una franja media rosada o marrón. **Fruto:** pequeña baya roja o rosa mate con semillas marrones. **Floración:** primavera y verano.

Mammillaria brandegeei

CULTIVO. Necesita una buena exposición solar o bien semisombra con mucha luz. Es muy resistente a la sequía, por lo que será suficiente con algunos riegos esporádicos durante el verano. En invierno hay que mantenerlo seco y a una temperatura mínima de 10 ˚C. Aunque soporta temperaturas más bajas, es sensible a las heladas. Se propaga mediante semillas o por trasplante de plántulas que crecen desde la base.

Mammillaria carnea

MAMMILLARIA CARNEA

Familia: Cactaceae. **Subfamilia:** Cactoideae. **Tribu:** Cacteae. **Origen:** Puebla, Guerrero, Oaxaca (México). **Hábitat:** áreas desérticas de 500 a 2.000 m de altitud.

Características

Tallo: solitario al principio, forma agrupaciones con el tiempo. El tallo es globular con el ápice redondeado, puede hacerse cilíndrico. De unos 10 cm de diámetro y hasta 20 cm de alto. Es de color verde azulado. **Espinas:** carece de espinas radiales, pero tiene cuatro espinas centrales gruesas de 0,8-1,9 cm de largo, de color blanco grisáceo y con la punta negra. **Flores:** con forma de embudo de color rosa pálido con línea media más oscura en los pétalos, de 1,5-2 cm de largo y 1,2-1,5 cm de diámetro. Surgen de forma perimetral de las axilas de los tubérculos cercanos a la zona apical. **Frutos:** pequeñas bayas rojas con semillas marrones. **Floración:** primavera y verano.

CULTIVO. Precisa una ubicación soleada. Es muy resistente a la sequía, solo necesita riego moderado. Se propaga mediante semillas o por trasplante de brotes que crecen desde la base.

Mammillaria carnea

Curiosidades. Los cactus del género Mammillaria son excepcionales porque, en su mayoría, poseen una savia lechosa que exudan para, una vez solidificada, tapar y proteger las heridas.

Mammillaria elongata

MAMMILLARIA ELONGATA

Familia: Cactaceae. **Subfamilia:** Cactoideae. **Tribu:** Cacteae. **Origen:** Hidalgo, Guanajuato, Querétaro (México). **Hábitat:** áreas desérticas.

Características

Tallo: cactus columnar con el ápice redondeado. Tallos largos de 15 cm de largo y 1,3-4 cm de diámetro, semierguidos o postrados que crecen formando densas colonias. De color verde, aunque con una tonalidad blanquecina o rojiza debido a que la superficie está tupida de espinas. **Espinas:** hasta 20 espinas radiales de 0,6-0,8 cm de longitud de color amarillento o con puntas marrones. Con tres espinas centrales o, por lo general, sin ellas, de 1 cm. **Flores:** numerosas flores diurnas que nacen en la mitad superior del tallo. Son tubulares, de color blanco amarillento y pequeñas, de 1,3 cm y 1,2-1,4 cm de diámetro. **Fruto:** pequeñas bayas de color marrón rojizo, con semillas marrones. **Floración:** primavera y verano.

CULTIVO. Crece bien al sol o con una sombra ligera con un sustrato estándar para cactus. Es resistente a la sequía. Se propaga bien por separación de los vástagos que crecen en la base.

Mammillaria
elongata

Mammillaria haageana elegans

MAMMILLARIA HAAGEANA ELEGANS

Familia: Cactaceae. **Subfamilia:** Cactoideae. **Tribu:** Cacteae. **Origen:** Puebla, San Luis de Potosí (México). **Hábitat:** áreas abiertas y desérticas alrededor de 2.300 m de altitud.

Características

Tallo: solitario, aunque raramente puede formar agrupaciones con el tiempo. El tallo es globoso, de 5-8 cm de diámetro, suavemente deprimido en el ápice y puede ser cilíndrico también con la edad. **Espinas:** de 15 a 20 espinas radiales blancas y cortas, de 0,1-0,5 cm. Las centrales, más largas, de 0,5-0,8 cm, de color marrón. **Flores:** pequeñas, de 1,5-2 cm de largo, de color rosa magenta. **Floración:** primavera y verano. **Fruto:** baya roja brillante con semillas marrones.

CULTIVO. Requiere mucho sol y buen drenaje. Es muy resistente a la sequía, solo necesita riego moderado, cuando el sustrato esté seco. En invierno hay que mantenerlo seco y a una temperatura mínima de 10 °C. Se propaga mediante semillas o por trasplante de brotes que crecen desde la base.

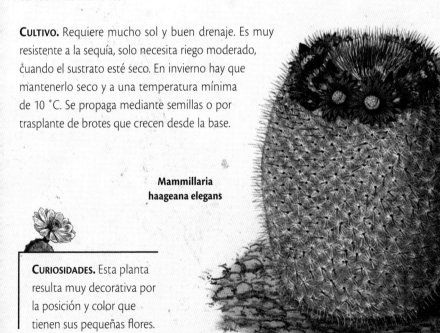

**Mammillaria
haageana elegans**

CURIOSIDADES. Esta planta resulta muy decorativa por la posición y color que tienen sus pequeñas flores.

Mammillaria melanocentra

MAMMILLARIA MELANOCENTRA

Familia: Cactaceae. **Subfamilia:** Cactoideae. **Tribu:** Cacteae. **Origen:** Durango, Coahuila y Nuevo León (México). **Hábitat:** suelo rocoso de las áreas desérticas que están entre 400 y 1.400 m de altitud.

Características

Tallo: globoso, ligeramente deprimido en el ápice, y solitario; raramente forma agrupaciones. Es de color verde glauco y puede alcanzar 20-30 cm de diámetro y asomar desde la superficie unos 20 cm de alto. **Espinas:** de cada areola surgen de 5-9 espinas radiales, rectas, agudas y de color gris y negro en la punta, de 0,6-2,2 cm de largo. Y una espina central aguda y erecta, de 0,6-2,5 cm de largo y de color negro. **Flores:** flores dispuestas como una corona alrededor del ápice, de 2 cm de largo y 2,5 cm de diámetro, de color rosa o púrpura con tintes blancos entre los pétalos. **Fruto:** baya de 3 cm de color púrpura y semillas marrones de 0,1 cm. **Floración:** primavera y verano.

CULTIVO. Necesita un lugar soleado y un sustrato poroso que proporcione un buen drenaje. Requiere poco riego en verano y mantenerla en un ambiente fresco y seco durante el invierno. Se propaga bien por semillas o por trasplante de los vástagos basales.

CURIOSIDADES. Las Mamillaria son plantas con mamila sin surco longitudinal y con raíces fibrosas.

Mammillaria polyhedra

MAMMILLARIA POLYHEDRA

Familia: Cactaceae. **Subfamilia:** Cactoideae. **Tribu:** Cacteae. **Origen:** Oaxaca (México). **Hábitat:** áreas desérticas, a 1.400-1.600 m de altitud.

Características

Tallo: plantas solitarias, que con los años formarán agrupaciones. Los tallos son globosos o cilíndricos con el ápice deprimido, de color verde fuerte. **Espinas:** carece de espinas centrales, pero presenta 4-6 espinas radiales o subcentrales, rectas y ascendentes, de color amarillo rojizo con puntas oscuras de 0,6-2,5 cm de largo. **Flores:** pequeñas flores rosas con una línea media más oscura en los pétalos. Tienen forma de embudo y miden 2,5 cm de largo y de diámetro. **Floración:** primavera y verano. **Fruto:** baya rojo escarlata de 2 cm de largo con semillas oscuras.

CULTIVO. Tiene un crecimiento rápido si se pone a pleno sol o en semisombra. Necesita un suelo con algo de materia orgánica y una buena parte de arena que favorezca el drenaje. Los riegos deben ser escasos en verano y nulos en inverno. Se reproduce bien por semillas o mediante división de plántulas que crecen en su base.

CURIOSIDADES. El nombre *polyhedra* es por los numerosos tubérculos en forma de pirámide que forman esta planta.

Mammillaria polyhedra

Mammillaria rhodantha

MAMMILLARIA RHODANTHA

Familia: Cactaceae. **Subfamilia:** Cactoideae. **Tribu:** Cacteae. **Origen:** Guanajo, Jalisco, Querétaro, Morelos (México) **Hábitat:** áreas desérticas ubicadas sobre los 1.700 m de altitud.

Características

Tallo: solitario, globoso o cilíndrico, siempre corto; con la edad va adquiriendo un color verde ceniciento. Va formando agrupaciones lentamente. Alcanza los 10 cm de diámetro y una altura de 30 cm; es de las especies de mamilarias más altas. **Espinas:** del orden de 25 espinas radiales de 0,6-0,7 cm y color dorado. De 6-7 espinas centrales de 2 cm de longitud, curvadas y más rojizas y oscuras que las radiales. **Flores:** pequeñas flores que surgen del ápice de un bello color que va del rosa al rojo púrpura. Miden 2 cm de largo y de diámetro. **Fruto:** baya cilíndrica de color rojo de 1,5 cm con semillas de color castaño. **Floración:** primavera, verano y principio del otoño.

Mammillaria rhodantha

CULTIVO. Hay que situarla en un sitio soleado con un sustrato para cactus que tenga un buen drenaje. Es resistente a la sequía, por lo que no hay que regar en exceso. Una vez o dos al mes será suficiente. En invierno hay que mantenerla seca a una temperatura que no descienda de los 3 °C. Se propaga bien por semillas y por los vástagos.

Mammillaria schiedeana

MAMMILLARIA SCHIEDEANA

Familia: Cactaceae. **Subfamilia:** Cactoideae. **Tribu:** Cacteae. **Origen:** Hidalgo, Querétaro (México) **Hábitat:** áreas desérticas 1.300-5.000 m

Características

Tallo: esférico o cilíndrico, por lo general formando densas agrupaciones de 15 individuos o más. Los tallos, de color verde oscuro, están algo deprimidos por el ápice. Hasta 10 cm de alto por 7 cm de diámetro. **Espinas:** las radiales, muy numerosas, del orden de 20-70 espinas de 0,2-0,5 cm de largo, finas y flexibles que dan una apariencia plumosa a la superficie del cactus. Y 1-2 espinas centrales, a veces ausentes, muy cortas. **Flores:** acampanadas, de 1,5 cm de diámetro de color rosa pálido o rosa con línea media en los pétalos de color rojizo. Se disponen como una corona alrededor del ápice. **Fruto:** baya roja cilíndrica con semillas negras. **Floración:** principio de primavera.

Cultivo. Es una especie resistente que prefiere los espacios soleados y un suelo para cactus con buen drenaje. Los riegos deben ser moderados en verano y escasos o nulos en invierno. Se propaga por semillas o por división de los individuos que nacen en su base.

Mammillaria schiedeana

Melocactus intortus

CACTUS GORRO DE TURCO, MELÓN DE COSTA

Melocactus intortus

Familia: Cactaceae. **Subfamilia:** Cactoideae. **Tribu:** Cacteae. **Origen:** Brasil, República Dominicana, Puerto Rico. **Hábitat:** crece en zonas secas y acantilados costeros. En grietas de rocas por donde el agua de lluvia circula y desaparece rápidamente.

Características

Tallo: solitario y grande. Tiene forma de barril, es de color verde y puede alcanzar 40 cm de diámetro y hasta 1 m de altura. Este cactus se reconoce fácilmente por el cefalio: una estructura roja y cilíndrica, más estrecha que la base, que a modo de cabeza puede añadirle 70 cm más de altura al conjunto del cactus. La base verde posee hasta 20 costillas prominentes con areolas ovaladas con lana blanca. **Espinas:** radiales, largas y gruesas, muy aceradas, de color amarillo o marrón que llegan a medir 7 cm al igual que la espina central. Son tan largas y fuertes que pueden causar heridas importantes. **Flores:** varias flores surgen de la parte superior del cefalio. Son pequeñas, de 2-3 cm, tubulares y de color rosa. **Fruto:** de color rosa fucsia y alargado, de 2-3 cm. Son carnosos, comestibles y contienen numerosas semillas. Asoman entre las cerdas del cefalio. **Floración:** primavera y otoño.

Detalles de la flor

CULTIVO. No resulta fácil de cultivar. Necesita sol directo, pero de forma parcial en latitudes cuyo verano supere los 30 °C, así como riegos regulares en verano, pero procurando que no se acumule humedad, pues esta especie es muy susceptible a la podredumbre. Para evitarlo hay que proporcionar un sustrato suelto que drene bien. En invierno no necesita riegos, basta con vaporizar el sustrato. Aunque es posible mantenerlo a temperaturas más bajas, pero siempre que estén por encima de los 8 °C.

CURIOSIDADES. La planta puede tardar 6-7 años en madurar y crecer, pero en cuanto surge el cefalio cesa su desarrollo. Entonces florece y es el cefalio el que continúa con el crecimiento a una velocidad de 1 cm por año.

Mesembryanthemum sp.

ESPECIES MESEMBRYANTHEMUM

Familia: Aizoaceae. **Subfamilia:** Mesembryanthemoideae. **Origen:** Sudáfrica. **Hábitat:** zonas secas de los trópicos y subtrópicos. Ambientes muy áridos y calurosos próximos al mar.

**Mesembryanthemum
acinaciforme**

Características

Tallo: este género de plantas crasas y perennes se caracteriza por poseer un porte herbáceo o subleñoso, erecto o decumbente con tallos, por lo general carnosos. **Hojas:** son suculentas, simples, alternas, opuestas o verticiladas. **Flores:** actinomorfas y hermafroditas, con el cáliz formado por cinco sépalos libres. La corola posee multitud de pétalos, algunos de ellos son estambres petaloideos y numerosos estambres libres. Necesitan el pleno sol para abrirse y volver a cerrarse. Predominan las flores productoras de néctar, para atraer a los visitantes polinizadores. **Frutos:** son cápsulas dehiscentes cuyas semillas se diseminan por acción de la lluvia y del viento.

CULTIVO. Debido a su gran adaptación a la sequía extrema, se utilizan en los jardines xerófilos. Además, el abundante follaje y la capacidad cespitosa de muchas de las especies hacen que se empleen para fijar taludes y cubrir terrenos con suelos empobrecidos.

**Detalles
de la flor**

**Mesembryanthemum
aureum**

Mesembryanthemum aureum
(Sinónimo: Lampranthus aureus)

Pequeño arbusto que forma una mata redondeada y erecta de unos 40 cm de altura. Las hojas verdes y carnosas, de 5 cm, son sentadas y opuestas de dos en dos. La sección de la hoja en un corte transversal es más o menos triangular. Las flores son amarillas o naranjas y recubren toda la planta en primavera. Necesita pleno sol y es resistente a la sequía. Puede regarse una o dos veces a la semana en los meses de más calor. Tolera el frío, pero no las heladas. Ideal para exteriores en climas cálidos con inviernos no muy fríos, lluviosos o no. Se propaga bien por semillas o esquejes de tallos y hojas.

Mesembryanthemum barbatum
(Sinónimo: Trichodiadema barbatum)

Mesembryanthemum barbatum

Forma una pequeña mata de tallos postrados. De hojas verdes, simples, largas y cilíndricas, opuestas, con minúsculas cerdas en los extremos. Las flores que se abren en primavera son de color magenta o púrpura con estambres amarillos. Necesita crecer al sol y solo aguanta heladas de -6 °C muy puntuales. Prefiere suelos sueltos. Se propaga muy fácilmente por esquejes del tallo.

Mesembryanthemum criniflorum
(Sinónimo: Dorotheanthus bellidiformis)
Margarita de Livingstone

Mata rastrera que se extiende horizontalmente alcanzando 7-10 cm de altura. Las hojas son opuestas, verdes, suculentas y lanceoladas, cubiertas en toda su superficie por pequeñas

Mesembryanthemum crystallinum

papilas semejantes a las gotas que forma la escarcha. Lo más llamativo son sus flores que florecen abundantemente en los meses estivales y presentan una gran variedad de colores rojos, rosados, amarillos y blancos. Es fácil de cultivar si el suelo es suficientemente poroso. Necesita mucho sol y riego moderado. Se propaga fácilmente mediante esquejes y es idónea como planta tapizante.

Mesembryanthemum crystallinum
ESCARCHADA, HIERBA DE PLATA

Planta anual cespitosa, de tallos suculentos y rastreros que puede extenderse hasta 1 m de diámetro y como mucho una altura de unos 20 cm. Las hojas son carnosas, planas y lanceoladas más anchas que largas, recubiertas por unas papilas cristalinas que tienen la capacidad de almacenar agua y le dan ese aspecto escarchado. En algunos lugares las cocinan como verduras. Las flores de unos 3 cm de diámetro son de color blanco con el centro amarillo y florecen en primavera y verano. Requiere una exposición directa al sol, suelos porosos que no retengan la humedad y un invierno suave libre de heladas.

Mesembryanthemum micans
(SINÓNIMO: DROSANTHEMUM MICANS)

Mesembryanthemum micans

Planta suculenta y perenne que forma un arbusto denso y compacto que puede alcanzar 60 cm de altura. Las hojas crasas son opuestas, delgadas, semicilíndricas y largas, y brillantes debido a sus

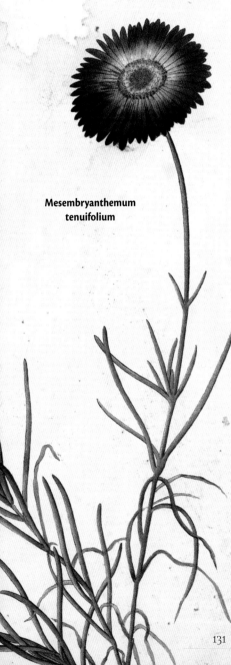

**Mesembryanthemum
tenuifolium**

papilas cristalinas. Las llamativas flores, de pétalos con las puntas rojas y el interior amarillo, nacen al inicio de la primavera y continúan echando flores hasta el verano. Las flores pueden alcanzar los 2,5 cm o más de diámetro. Aguanta bastante bien el calor extremo, pero necesita riegos moderados y un suelo con buen drenaje. No es una planta muy resistente al frío intenso.

Mesembryanthemum tenuifolium
(SINÓNIMO: LAMPRANTHUS TENUIFOLIUS)

Planta perenne suculenta de apariencia esbelta y crecimiento semirrecto. Tallos leñosos delgados, con corteza amarilla que alcanzan los 10-15 cm de altura. Hojas verdes, suculentas, largas, filiformes y opuestas. Las flores, que se abren en primavera y verano, son grandes con múltiples pétalos de color rojo escarlata que crecen solitarias en los extremos de las ramas sobre largos pedúnculos delgados. Esta planta necesita sol abundante y riegos moderados porque no soporta tener exceso de agua ni la tierra encharcada.

Neolloydia conoidea

NEOLLOYDIA CONOIDEA

Familia: Cactaceae. **Subfamilia:** Cactoideae. **Tribu:** Cacteae. **Origen:** Querétaro, Coahuila, Tamaulipas (norte de México), Texas (Estados Unidos). **Hábitat:** terrenos áridos y desérticos.

Características

Neolloydia conoidea

Tallo: cactus solitario o formando pequeñas agrupaciones. Tallo columnar de 5-8 cm de diámetro y 7-15 cm de altura. **Espinas:** de 15 a 20 espinas radiales, y de 1-5 espinas centrales. **Flores:** grandes flores de 6 cm de diámetro y 2-3 cm de alto que surgen de los surcos areolares del ápice del cactus. Son de color magenta o violeta. **Fruto:** persistente, redondo, de color verde oliva y 1 cm de diámetro; se seca cuando madura y alberga pequeñas semillas de color castaño. **Floración:** primavera y principio de verano.

CULTIVO. Necesita pleno sol o sombra parcial, con un sustrato poroso algo calcáreo que proporcione un buen drenaje. El riego debe ser moderado en verano y ausente en invierno. Se propaga por división de rizomas o por trasplante de los vástagos de la base.

Nolana coelestis

NOLANA COELESTIS

Familia: Solanaceae. **Subfamilia:** Solanoideae **Origen:** Chile, Perú. **Hábitat:** matorral de regiones desérticas y ambientes extremos, de 100 a 800 m de altitud.

Características

Tallo: planta suculenta anual, de porte arbustivo de 30-50 cm de alto y de 30-100 cm de diámetro. Los tallos son erectos o semipostrados, ramificados en ángulos abiertos y con gran densidad foliar. **Hojas:** sésiles, carnosas, cilíndricas, finas y delgadas, de 1-2,5 cm de largo y 0,1 cm de ancho. Recubiertas de pequeñas glándulas en toda su superficie. **Flores:** grandes y acampanadas. Tienen un corto pedicelo y cáliz pentámero, de 1,5 cm de largo, piloso que sustenta una corola, de 3,5 cm de diámetro, en forma de embudo. Es de color azul celeste o violeta pálido, con la base blanca. **Fruto:** formado por tres glóbulos o núculas verdes, negro azuladas cuando maduran y entonces contienen numerosas semillas. **Floración:** durante la primavera.

CULTIVO. Planta resistente de fácil cultivo. Aguanta una ubicación soleada en el exterior o con sombra parcial, si se desarrolla en macetas o jardineras hay que procurarla mucha luz y sol de vez en cuando. Necesita un sustrato suelto, mezclado con materia orgánica, pero con un buen drenaje. Es tolerante a la sequía. Se reproduce por semillas.

**Nolana
coelestis**

CURIOSIDADES. El género Nolana engloba a unas 85-89 especies, todas ellas originarias de Sudamérica.

Opuntia cardiosperma

OPUNTIA CARDIOSPERMA

Familia: Cactaceae. **Subfamilia:** Opuntioideae. **Tribu:** Opuntieae. **Origen:** Paraguay, noroeste de Argentina. **Hábitat:** crece en la periferia de bosques bajos, en barrancas y entre matorrales.

Características

Opuntia cardiosperma

Tallo: cactus de porte arbustivo, erecto y segmentado en cladodios planos y ovalados de base estrecha, de 9-20 cm de largo por 5-7 cm de ancho y 1,5 cm de espesor. Alcanza una altura de 1-2 m. Es de color verde oscuro y brillante, más apagado con la edad. **Espinas:** 1-2 por areola, pero raramente se presenta en todas. Miden 0,5-1 cm de largo y 1 mm de espesor, y son de color marrón y después gris. **Flores:** crecen numerosas flores en la parte distal de los segmentos del tallo. La mayoría surge de los márgenes, pero también de los lados. Miden 7 cm de largo y 6-8 cm de diámetro. Son amarillas, de pétalos anchos y espatulados y numerosos filamentos también amarillentos. **Fruto:** oblongo con forma de pera, de color púrpura cuando madura de 3-7,5 cm de largo y 2-3,8 cm de diámetro. Tiene un ombligo en la parte superior que resultaba de la unión con la flor. Posee pulpa de color verde jugosa, que después se vuelve fibrosa, y semillas de color marrón. **Floración:** primavera y verano.

CULTIVO. Fácil de cultivar, necesita plena exposición solar, aunque se adapta a la semisombra. No necesita mucho riego en verano. Precisa pasar un invierno seco y fresco libre de heladas. Se propaga bien mediante los cladodios que enraízan con facilidad.

Opuntia cochenillifera

OPUNTIA COCHENILLIFERA

Familia: Cactaceae. **Subfamilia:** Opuntioideae. **Tribu:** Opuntieae. **Origen:** Centroamérica. **Hábitat:** bosque seco y semiseco de 0 a 400 de latitud.

Características

Tallo: cactus arborescente que puede llegar a los 2-4 m de altura. Muy ramificado con cladodios alargados de 12-33 cm de largo por 6-11 cm de ancho. Areolas pequeñas de 0,5 cm de diámetro y separadas entre sí 2-3 cm. **Espinas:** ausentes o muy escasas, de 1-3 en los cladodios más antiguos, de color marrón o gris con el tiempo, de 2 cm de largo. Tiene gloquidios discretos. **Flores:** de color rojo, con tépalos cortos y espatulados. Los estambres, rojos, muy numerosos y mucho más largos sobresalen por encima de los tépalos. De 4,5-6 cm de largo. **Fruto:** llamado tuna, es rojo, carnoso, sin espinas ni pelos en las areolas, y comestible. Las semillas, de 5 mm de largo, son de color canela. **Floración:** primavera y verano.

CULTIVO. Resulta fácil de cultivar en el exterior en ambientes cálidos. Necesita plena exposición solar, aunque se adapta a la semisombra. Requiere suelos arenosos, áridos y con poca humedad. No soporta las heladas. Se propaga bien mediante los cladodios y por semillas.

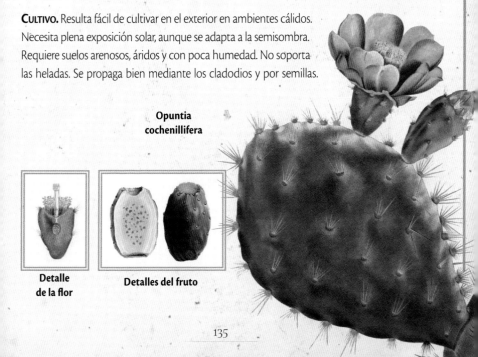

Opuntia
cochenillifera

Detalle de la flor

Detalles del fruto

Opuntia ficus indica

CHUMBERA, NOPAL

Familia: Cactaceae. **Subfamilia:** Opuntioideae. **Tribu:** Opuntieae. **Origen:** México. **Hábitat:** regiones áridas y semiáridas.

Características

Tallo: cactus que llega a formar un matorral arbóreo de grandes dimensiones, alcanzando unos 4 m de altura y otros tantos de ancho. Con los años genera un tronco robusto y leñoso. Los cladodios son elípticos, aplanados y de gran tamaño, de unos 30-60 cm de largo y 6-12 cm de ancho y 2-3 cm de espesor. Estrechos hacia las juntas y agudo hacia su extremo apical. De color verde glauco. **Espinas:** areolas por ambas caras, carentes casi o totalmente de espinas. Cuando existen hay de 3-6 espinas desiguales en longitud de 3 a 10 cm, rectas y grisáceas. Presenta gloquidios llamativos de color amarillo. **Flores:** grandes, de 7-10 cm de largo. Nacen de las areolas en el borde de los cladodios. El hipanto verde está lleno de areolas y gloquidios. Los pétalos amarillos anaranjados son anchos y se abren en forma de corona. **Fruto:** grande,

Opuntia ficus
indica

Detalles de la flor y la semilla

oval, de 5-10 cm de largo y 4-8 cm de ancho de color amarillo anaranjado o rojo. Superficie cubierta de gloquidios y con pulpa carnosa y dulce. **Floración:** primavera y verano.

Cultivo. Necesita mucho sol y requiere muy poca agua. Es muy resistente a la sequía, aunque se debe aportar con cierta regularidad desde la floración hasta la maduración de los frutos para que estos sean de calidad. Pero es importante evitar encharcamientos, de modo que el sustrato debe ser arenoso para que drene bien. Su temperatura media idónea está entre los 12 y 34 ˚C. Se propaga mediante el enraizamiento de cladodios.

Opuntia ficus indica

Curiosidades.
Durante cientos de años han sido una fuente alimenticia en México. Los cladodios, llamados pencas, pueden consumirse como verdura en ensaladas, sopas o guisos, y las tunas o higos chumbos se comercializan y consumen como fruta.

Opuntia sulphurea

OPUNTIA SULPHUREA

Opuntia sulphurea

Familia: Cactaceae. **Subfamilia:** Opuntioideae. **Tribu:** Opuntieae. **Origen:** Argentina, Bolivia. **Hábitat:** planicies y en la base de montes áridos y semiáridos.

Características

Tallo: cactus de porte bajo, con los cladodios alineados, casi rastreros. Puede formar matas de 1 m de diámetro y alcanzar una talla de 30-60 cm de alto como mucho. Gladiolos ovobados de 22 cm de largo y 11-15 cm de ancho. **Espinas:** las areolas, circulares o elípticas, son blancas con gloquidios de color marrón rojizo en la parte superior. Presenta del orden de cinco espinas dirigidas hacia arriba y de 2-4 hacia abajo de distintas longitudes; entre 2-6 cm. Son rígidas y punzantes de color gris con la punta marrón. A veces aparecen retorcidas. **Flores:** nacen del ápice y bordes de los gloquidios más jóvenes. Miden 6 cm de largo. El hipanto verde está cubierto de areolas, con mayor concentración en la parte superior. Las flores son de color amarillo limón, con pétalos anchos, de 3 cm de largo y 2 cm de ancho. Al abrirse forma una corona de 5 cm de diámetro. **Fruto:** con forma de barril, carnoso, de 5 cm de largo y 3 cm de ancho, que dependiendo de la variedad pueden ser amarillos por dentro y por fuera, de forma ovoide truncada con un profundo ombligo, o totalmente rojos. **Floración:** primavera y verano.

Cultivo. Fácil de cultivar, necesita plena exposición solar, mejor a las horas de menos calor, aunque se adapta a la semisombra. Puede soportar largos periodos de sequía. En verano basta con un riego al mes y ninguno en invierno. Hay que procurar un suelo mineral poroso que ofrezca un buen drenaje. Su temperatura mínima óptima son 15 °C, aunque puede soportar inferiores hasta 5 °C. Se propaga bien mediante esquejes de cladodios que enraízan con facilidad, y puede cultivarse en una maceta, ya que no alcanza gran porte.

DEUTSCHE KAKTEEN- GESELLSCHAFT

Opuntia

Tafel 136.

CURIOSIDADES. Aunque su utilidad es sobre todo ornamental en jardines xerófilos, los lugareños utilizan su carne para combatir el estreñimiento, pues tiene propiedades laxantes. Sin embargo, una ingesta excesiva puede llevar consigo trastornos digestivos.

Opuntia stricta

Nopal tunero costero

Familia: Cactaceae. **Subfamilia:** Opuntioideae. **Tribu:** Opuntieae. **Origen:** Caribe. **Hábitat:** crece en pendientes rocosas, márgenes de arroyos secos, zonas urbanas de regiones semiáridas y templadas subtropicales.

Características

Tallo: cactus de porte arbustivo ramificado, que puede alcanzar los 2 m de altura y 1,5-2 m de ancho. **Espinas:** las areolas de color crema con gloquidios amarillentos, pueden presentar 1-2 espinas o ninguna, largas y afiladas, que miden entre 2 y 4 cm de largo. **Flores:** pueden medir 7 cm de largo y 6-8 cm de diámetro, son de un amarillo brillante que a veces puede tener franjas rosadas o rojas en los pétalos más exteriores. **Fruto:** los frutos, ovoides, son pequeños con una medida de 2,5 cm de diámetro y 6 cm de largo, poseen una delgada piel y tienen un número de semillas muy bajo, en comparación con los de la chumbera. Al madurar son de color morado. **Floración:** primavera y verano.

Cultivo. Tiene una gran facilidad para el arraigo, por lo que prospera fácilmente en todo tipo de terrenos siempre que sean arenosos y haya un ambiente cálido. Es muy tolerante a la sequía y no aguanta las heladas.

Opuntia stricta

140

Opuntia tomentosa

Tunera de terciopelo.

Familia: Cactaceae. **Subfamilia:** Opuntioideae. **Tribu:** Opuntieae. **Origen:** México central. **Hábitat:** regiones cálidas, semiáridas y subtropicales.

Características

Tallo: cactus arborescente que puede alcanzar más de 5 m de altura y una envergadura de 2 m de diámetro. Toda la planta se encuentra densamente cubierta de pelos cortos llamados tomento, de ahí su nombre y su color, verde opaco. **Espinas:** por lo general, no presenta espinas pero de hacerlo, posee de 2-4 espinas por areola, una de ellas más larga de 2,5 cm. También se detectan gloquidios en la areola de color amarillo. **Flores:** las flores son de color amarillo-naranja brillante, de 4-5,5 cm de largo y 5 cm de diámetro. Posee numerosos pétalos en los que los más externos están recorridos por una línea media de color rojo. **Fruto:** de color púrpura cuando madura. Es carnoso, oval, tomentoso y mide 3-5 cm de largo por 2,5-4 cm de ancho. La pulpa es de color rojizo. **Floración:** primavera y verano.

Cultivo. Como prácticamente todas las opuntias, prospera fácilmente en condiciones de aridez ambiental. Necesita pleno sol y pocos riegos, un sustrato poroso y una temperatura media entre 34 y 15 °C.

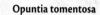

Opuntia tomentosa

Curiosidades. Esta planta resulta fácil de reproducir porque se propaga con suma rapidez mediante esquejes y por semillas.

Orbea variegata
ORBEA VARIEGATA

Orbea variegata

Familia: Apocynaceae. **Subfamilia:** Asclepiadoideae. **Tribu:** Ceropegieae. **Origen:** Provincia del Cabo (Sudáfrica). **Hábitat:** regiones subtropicales.

Características

Tallo: planta de tallos suculentos, erectos o postrados, ramificados desde la base que pueden llegar hasta 25 cm de largo. Los tallos son angulosos, con cuatro ángulos o costillas, que a su vez presentan protuberancias agudas que se asemejan a espinas. Es de color verde grisáceo; puede presentar manchas púrpuras cuando se la expone al sol. Forma una pequeña mata que puede alcanzar 40 cm de diámetro. **Hojas:** reducidas, inexistentes. **Flores:** se desarrollan en grupos de hasta cinco ejemplares que surgen de la base de los tallos nuevos. Tiene la corola plana de 5-7 cm de diámetro, con cinco lóbulos ovado-triangulares que la asemejan a una estrella de mar. Su superficie, levemente tuberculada, está espolvoreada de manchas color bronce sobre un fondo amarillento. **Fruto:** emite dos vainas alargadas de 12 cm de largo y de color marrón, dehiscentes longitudinalmente. Tardan un año en madurar y al abrirse deja ver multitud de semillas en forma de disco, rodeadas de largos pelos blancos que ayudan en su dispersión por acción del viento. **Floración:** verano y otoño.

Orbea
variegata

CULTIVO. Es fácil de cultivar. Necesita sol y sombra parcial, cierta humedad y buena ventilación. Acepta sustratos fértiles, si bien debe mezclarse con una parte de arena para asegurar un buen drenaje. Y conviene repartir una capa de gravilla, de unos 2 cm, por la superficie para que la base de la planta no esté en contacto con la humedad pues es susceptible de padecer la podredumbre negra. Precisa riegos regulares en verano. En invierno se deben espaciar mucho los riegos. Se multiplica por semillas.

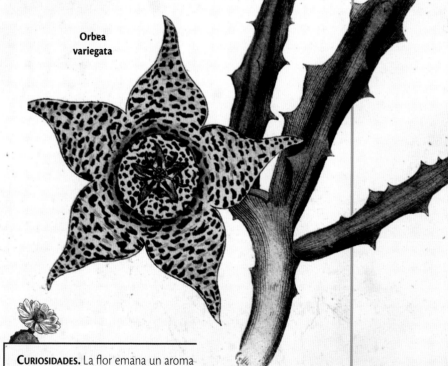

Orbea variegata

CURIOSIDADES. La flor emana un aroma desagradable que contrasta con su atractivo físico. Huele a carne podrida, ya que necesita la mosca de la carne para llevar a cabo su polinización.

Parodia concinna

PARODIA CONCINNA

Familia: Cactaceae. **Subfamilia:** Cactoideae. **Tribu:** Notocacteae. **Origen:** Brasil, Colombia, Uruguay. **Hábitat:** tierras altas.

Características

Tallo: cactus globular pequeño de 5-10 cm de diámetro y 7-15 cm de longitud. Está ligeramente deprimido en el ápice. De color verde oscuro, con 15-32 prominentes costillas algo tuberculadas y con numerosas areolas lanosas de color blanco. **Espinas:** de 12 a 18 espinas radiales doradas o rojizas, de 1-3 cm de longitud, y de 2-8 espinas centrales mucho más largas y oscuras de unos 4-6 cm. **Flores:** floración abundante cerca del ápice. Las flores con forma de embudo superan al abrirse los 7 cm de diámetro. La corola está formada por múltiples pétalos lanceolados, amarillos y con puntas rojas; estigma lobulado de color carmesí. **Fruto:** ovoide y verde con semillas negras. **Floración:** primavera y principio de verano.

Parodia
concinna

CULTIVO. Necesita un emplazamiento semi-soleado, con un sustrato estándar para cactus. Precisa riegos moderados cuando empiezan a subir las temperaturas. Es aconsejable espaciarlos una vez cada tres semanas y en invierno disminuirlos considerablemente. Puede soportar heladas puntuales de unos -10 ºC.

CURIOSIDADES: Los frutos tienen una singular forma acampanada y las semillas son de color negro brillante.

Parodia microsperma

PARODIA MICROSPERMA

Familia: Cactaceae. **Subfamilia:** Cactoideae. **Tribu:** Notocacteae: **Origen:** sur de Bolivia, norte de Argentina. **Hábitat:** colinas y montes áridos de ambientes extremos.

Características

Tallo: globoso o cilíndrico, por lo general solitario, aunque puede formar pequeños grupos. Es de color verde pálido y mide entre 6,5-15 cm de alto y 6-9 cm de ancho. **Espinas:** de 11-13 espinas radiales finas y blancas de 0,7-0,8 cm de largo. Y con cuatro espinas centrales, tres de las cuales son rígidas, derechas y de color amarillo con la punta rojiza. La cuarta es más gruesa y larga, mide 3 cm, es de color castaño y su punta está curvada. **Flores:** con forma de embudo de 3 cm de largo y 4-5 cm de diámetro. Los botones florales surgen del ápice. Los tépalos externos son amarillos con alguna franja rojiza. Las flores presentan distinto color según la variedad. **Fruto:** ovoide, de 0,5-0,6 cm, con dehiscencia basal. Encierra pequeñas semillas de color marrón brillante. **Floración:** primavera y principio de verano.

CULTIVO. Necesita una exposición al sol parcial en sustrato estándar para cactus. Con riegos moderados en verano, pero dejando secar bien el sustrato. Requiere un invierno seco y frío. Se propaga por semillas, aunque resulta complicado hacerlas germinar.

**Parodia
microsperma**

Parodia ottonis

PARODIA OTTONIS

Familia: Cactaceae. **Subfamilia:** Cactoideae. **Tribu:** Notocacteae. **Origen:** sur de Brasil, sur de Paraguay, noreste de Argentina, Uruguay. **Hábitat:** colinas y montes áridos de ambientes extremos.

Características

Tallo: globoso, algo deprimido en el ápice. Suele formar pequeñas agrupaciones de tipo cespitoso. Es de color verde oscuro, mide 11 cm de diámetro y puede llegar a 17 cm de altura. **Espinas:** de 7-13 espinas radiales muy agudas, derechas o ligeramente sinuosas, de 0,7 cm de longitud y de color amarillo o rojizo. De 3-4 espinas centrales más largas y robustas, a veces ausentes. **Flores:** flores apicales de 3,5-4,5 cm de alto y 6 cm de diámetro. Los tépalos exteriores son espatulados, de color amarillo satinado y con una pequeña franja mucronada de color rojo hacia el ápice. Los tépalos internos son lanceolados y dentados en el ápice, de color amarillo intenso. Estigma lobulado de color púrpura. **Fruto:** ovoide, se alarga cuando madura de 0,9-1,2 cm de diámetro. Contiene numerosas semillas negras brillantes. **Floración:** primavera.

Parodia ottonis

CULTIVO. Necesita pleno sol o semisombra. Con riego moderado en verano y escaso o nulo en invierno. Requiere un sustrato poroso que proporcione un buen drenaje. Se propaga por semillas o por división de hijuelos en la base del tallo. Además de su rápida y fácil propagación, la *Parodia ottonis* florece precozmente.

Parodia sellowi

PARODIA SELLOWI

Familia: Cactaceae. **Subfamilia:** Cactoideae. **Tribu:** Notocacteae: **Origen:** sur de Brasil, norte de Argentina, Uruguay. **Hábitat:** entre las rocas de laderas y de áreas abiertas de las serranías.

Características

Tallo: generalmente solitario, globoso, a veces cilíndrico, deprimido en el ápice. De unos 20-30 cm de alto y 15 cm de diámetro. **Espinas:** de 4-12 espinas radiales, derechas o algo curvadas hacia atrás, de 2 cm de largo y color amarillo. Posee una sola espina central, a veces ausente, algo más robusta, pero de la misma longitud y color que las radiales. **Flores:** del ápice surgen varios botones florales tomentosos de 4 cm de largo que cuando se abren dan lugar a vistosas flores de 5 cm de diámetro, de color amarillo satinado o rosado y con estigma lobulado de color rojo.

Fruto: carnosos y globosos de color rojo y 1 cm de largo. Las semillas son de color negro. **Floración:** siempre a principio de verano.

Parodia
sellowi

Cultivo. Fácil de cultivar, se adapta bien a todo tipo de sustratos, siempre y cuando no sean muy calcáreos y tengan un buen drenaje. Necesita una ubicación soleada, pero que tenga una sombra parcial. Precisa riegos regulares en verano y ninguno en invierno.

Peniocereus serpentinus

JUNCO ESPINOSO

Peniocereus serpentinus

Familia: Cactaceae. **Subfamilia:** Cactoideae. **Tribu:** Pachycereeae. **Origen:** Oaxaca, Morelos (sur de México). **Hábitat:** zonas semiáridas y arenosas de México. **Sinónimo:** *Nyctocereus serpentinus*.

Características

Tallo: largos, cilíndricos, erectos cuando son jóvenes, más tarde rastreros y trepadores o pendulares si se desarrollan a cierta altura del suelo. Ramificados desde la base de forma que se desarrolla en grupos. **Espinas:** de 9-14 espinas agudas y finas, de color blanquecino, más tarde grises o marrones. Miden 1-4 cm de longitud. **Flores:** muy largas, con forma de embudo, se abren durante la noche. Su largo tubo floral es de color verde con tonalidad rosada; presenta areolas espinosas hacia la base que se convierten en brácteas pilosas a medida que asciende. Los tépalos exteriores son de color rosado y los interiores, lanceolados y muy numerosos, de color blanco. Las flores exhalan un agradable aroma. **Fruto:** ovoide, de color rojo y con un tamaño de 6 cm de largo. Cubierto de espinas que caen cuando madura. Es comestible. Con semillas negras de 0,5 cm de diámetro. **Floración:** verano.

CULTIVO. Prefiere una ubicación con sombra muy luminosa o semisoleada. Plantar en suelos sueltos que proporcionen un buen drenaje. Regar de forma regular en los meses de más calor, pero evitando que se acumule la humedad. En invierno, mantener con escasísimo riego o ninguno y en un ambiente frío de unos 10 ˚C. Puede tolerar heladas puntuales de 0 ˚C. Debido a su desarrollo, hay que proporcionar tutores para que trepe.

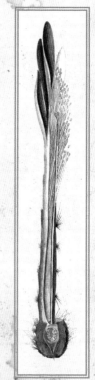

Sección de la flor

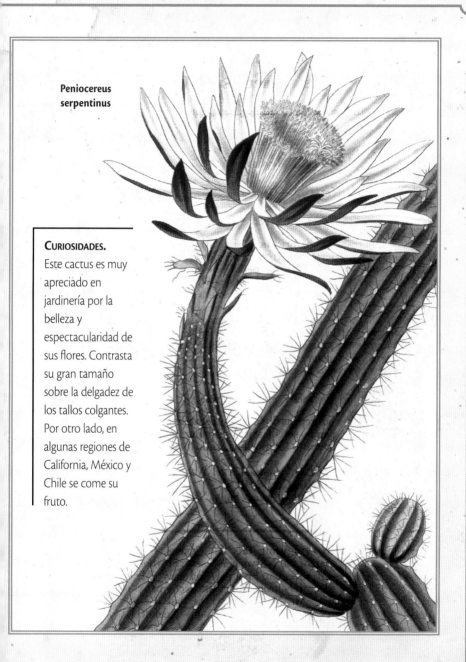

Peniocereus serpentinus

CURIOSIDADES.
Este cactus es muy apreciado en jardinería por la belleza y espectacularidad de sus flores. Contrasta su gran tamaño sobre la delgadez de los tallos colgantes. Por otro lado, en algunas regiones de California, México y Chile se come su fruto.

Pereskia rotundifolia

Pereskia sp.

ESPECIES DE PERESKIA

Familia: Cactaceae. **Subfamilia:** Pereskioideae. **Origen:** México, Centroamérica, Bolivia, Paraguay, Argentina. **Hábitat:** América tropical.

Características

Tallo: es un género de cactus poco común, ya que tiene hojas persistentes y que además no todas son suculentas. En determinadas condiciones ambientales, como por ejemplo inviernos fríos, la hoja puede ser decidua, es decir, secarse pero permanecer en la rama. Las pereskias tienen porte arbustivo o arbóreo y pueden llegar de 1-20 m. Con tallos más o menos robustivos y espinosos. Posee hojas no crasas que tienen un limbo ancho, plano y brillante. **Espinas:** como buenas cactáceas, las pereskias poseen areolas con espinas largas. **Flores:** tiene la apariencia de una rosa silvestre que varía en tamaño y color según la especie, de forma que encontramos flores blancas, rojas, rosas o amarillas desde 1-7 cm de diámetro. **Fruto:** los frutos son globosos u ovoides verdes, rojizos o amarillos. **Floración:** en los meses de más calor.

Pereskia aculeata

CULTIVO. Este género aprecia el calor y la humedad en abundancia pero dependiendo de la especie, los cuidados pueden resultar más o menos complejos.

Pereskia aculeata
Grosellero de la Florida

Arbusto de hasta 10 m de altura con tallos de 1-3 cm de diámetro. Los tallos más viejos poseen espinas de 1-5 cm de largo. Los tallos más jóvenes son suculentos y glabros. Las hojas son ovaladas de 4-7 cm de largo y 2-4 cm de ancho, de color verde rojizo y en sus axilas presenta espinas cortas. Flores de color blanco rosáceo o amarillento de 4,5 cm de diámetro. Los frutos son amarillos y anaranjados, de 2 cm y comestibles. Proviene de regiones cálidas, por lo que es fácil de cultivar. Necesita un lugar de semisombra. Puede soportar tanto inviernos a 8-10 °C de temperatura, como veranos a 25-30 °C. Tolera largos periodos de sequía en los que puede perder las hojas; un riego frecuente evitará problemas. En invierno deben reducirse a uno o dos en toda la estación. Como curiosidad, a la infusión de las flores se le atribuyen propiedades laxantes.

Pereskia grandiflora

Pereskia grandiflora
Abrojo de la Florida

Cactus arbustivo de 2-5 m de altura con tronco marrón y leñoso de unos 20 cm de diámetro. Ramas ligeramente postradas y suculentas con areolas que portan de 0-8 espinas en los tallos más jóvenes. Hojas grandes y largas de 9-20 cm de largo y

Pereskia lychnidiflora

4-6 cm de ancho. Las flores olorosas, de color rosa, parecidas a la de la *Rosa canina* y de unos 4-5 cm de diámetro, nacen en grupos de 10 a 15. En cuanto a su cultivo, no presenta grandes dificultades como *P. aculeata*. Necesita un emplazamiento en semisombra con una mezcla de sustrato ligero, el empleado para cactus epífitos. Riegos frecuentes en verano y pasar un invierno seco a una temperatura entre 5 y 15 °C. Con temperaturas por debajo de 9 °C puede perder las hojas, que volverán a brotar en primavera. Se usa como remedio popular como estimulante sexual y cardíaco y en el tratamiento de la dismenorrea.

Pereskia lychnidiflora
PERESKIA LYCHNIDIFLORA

Esta especie puede adoptar el porte de un árbol de 11-15 m de altura con una copa importante. Las hojas de color verde miden entre 4 y 7 cm de largo. Las areolas dispuestas a lo largo de las ramas y los tallos poseen un fieltro negro y de ellas surge de 1-3 espinas centrales que pueden medir 5-12 cm de largo. Las flores, solitarias, aparecen al final de las ramas, son de color amarillo anaranjado y miden 6 cm de diámetro. Necesita cuidados más expertos para lograr alcanzar gran porte y que florezca. Al ser una especie tropical, requiere ser mantenida en invierno a una temperatura de 18 °C, con riegos muy ligeros, más frecuentes en verano. Requiere una ubicaciónn en semisombra protegida de corrientes y del frío.

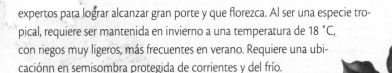

Pereskia ziniiflora
ABROJO

Arbusto de tallo leñoso, erecto y ramificado. Ramas flexibles carnosas y ovaladas. Hojas verdes de limbo ondulado y peciolo corto, con pequeñas espinas en sus axilas y flores rosas. Areolas en los tallos viejos con espinas fuertes y gruesas de color marrón. Las flores rojas nacen en las ramas terminales con numerosos pétalos anchos, miden alrededor de 5 cm de diámetro. Necesita climas cálidos o invernaderos donde poder pasar el invierno a 18 °C. Es mejor ubicarla en semisombra, pero con mucha luz. Entre sus usos populares, destaca la maceración de la corteza de los tallos en alcohol, que se ha empleado como antirreumático y emoliente.

**Detalle de la flor de
Pereskia ziniiflora**

**Pereskia
ziniiflora**

Pilosocereus leucocephalus

CABEZA DE VIEJO, PITAYO VIEJO

Pilosocereus leucocephalus

Familia: Cactaceae. **Subfamilia:** Cactoideae. **Tribu:** Cereeae. **Origen:** México, Guatemala, Honduras. **Hábitat:** bosque seco tropical caducifolio.

Características

Tallo: cactus arborescente, con tallos columnares ramificados y porte similar a un candelabro. Puede alcanzar 7-12 m de altura. Los tallos son de color verde azulado y tienen unos 7,5-10,5 cm de diámetro. **Espinas:** de 8-12 espinas radiales, de 2,5 cm de longitud y de color amarillo, y una espina central robusta, de 3 cm y color marrón. Las espinas suelen entremezclarse con los largos pelos que emiten las areolas de la parte creciente del tallo. Cuando esté madura, pierde la vellosidad. **Flores:** las flores emergen de las areolas a ambos lados del ápice velludo. Tienen forma de embudo, son largas y grandes, de 5-8 cm de longitud y 7-8 cm de diámetro. **Fruto:** globoso y carnoso, de 4 cm de diámetro y de color púrpura, al igual que la pulpa que envuelve a las semillas de color marrón. Es dulce y comestible. **Floración:** verano.

Cultivo. Tiene un crecimiento lento. Para crecer necesita exposición al sol o sombra con mucha luz, y un sustrato estándar para cactus. En verano los riegos deben ser regulares; una o dos veces al mes, y escasos o nulos en invierno. Su temperatura mínima ronda los 10-12 °C. Se propaga por semilla o esqueje.

Pleiospilos compactus

PLEIOSPILOS COMPACTUS

Familia: Aizoaceae. **Subfamilia:** Ruschioideae. **Tribu:** Ruschieae. **Origen:** Provincia del Cabo (Sudáfrica). **Hábitat:** en paredes rocosas o explanadas soleadas y pedregosas.

Características

Tallo: no se aprecia. Son plantas suculentas y compactas formadas por pares de hojas 2-4 o 6, que suelen alcanzar 8-10 cm de altura como máximo y se extienden unos 15 cm de diámetro. **Hojas:** muy carnosas, de color glauco con pequeños puntos verdes recorriendo toda su epidermis de 2-8 cm de largo y 2-3 cm de ancho y de espesor. Son gruesas y se asemejan a enormes tenazas. Las hojas nacen por pares y son opuestas con las bases fusionadas. Tienen la superficie plana en el haz en forma de quilla por el envés. **Flores:** son solitarias, diurnas, sésiles, amarillas con numerosos pétalos largos y estrechos con la base de color blanco. Las flores surgen del centro, en la unión de las dos hojas. **Fruto:** cápsulas de 0,5-1 cm de diámetro, con 12 lóbulos marrones y dehiscentes que se abren con el agua. **Floración:** verano.

Cultivo. Crece en una sombra parcial con exposición al sol en un suelo arenoso con muy buen drenaje. Los riegos deben ser regulares en verano y dejar que el sustrato esté bien seco entre riego y riego. Necesita pasar un invierno seco y fresco en un espacio luminoso y ventilado. Se propaga por semillas o por esquejes obtenidos de la base de la planta.

Curiosidades. En los ejemplares jóvenes, el color, la textura y la forma más compacta de las hojas hacen que en su hábitat natural se confundan con piedras.

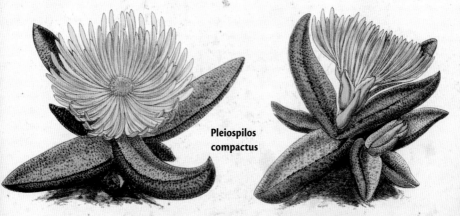

Pleiospilos compactus

Portulaca thellusonii

Portulaca thellusonii
VERDOLAGA DE FLOR

Familia: Portulacaceae. **Origen:** Brasil, Argentina. **Hábitat:** regiones semiáridas de Sudamérica. **Sinónimo:** *Portulaca grandiflora.*

Características

Tallo: planta anual suculenta, con tallos cilíndricos postrados o semirrectos y ramas de hasta 30 cm de longitud. De color verde, aunque puede presentar tonos rojizos. Se extiende horizontalmente en el suelo formando anchas matas. **Hojas:** de color verde intenso, carnosas, lineares, lanceoladas, cilíndricas o hemiesféricas, de unos 0,5-3 cm de largo y 0,1-0,5 cm de ancho, con ápice agudo. Y tiene limbo glabro. Poseen tricomas (pelos) en las axilas de 0,5 cm de largo. Las hojas se disponen en espiral y, normalmente, formando rosetas hacia el ápice del que surgen los botones florales. **Flores:** del ápice de cada tallo surgen de 1-3 flores que se abren cuando están a pleno sol. Los pétalos de color rosa o rojo (también amarillos y naranjas), son obovados de 1,5-2 cm de largo. Cuando se abre, la corola forma una copa de 2,5-5,7 cm de diámetro y en su interior asoman numerosos estambres, 40 o más, de color violáceo y 5-8 estigmas. La flor se cierra al atardecer o los días nublados. **Fruto:** cápsulas ovoideas de 0,3-0,6 cm de diámetro que guardan en su interior una veintena de semillas negras y diminutas. **Floración:** finales de primavera, verano y principio de otoño.

CULTIVO. Se trata de una planta resistente que necesita un emplazamiento a pleno sol o con sombra parcial, pues para la floración resulta imprescindible la exposición solar. Requiere un sustrato bien drenado y fértil. No necesita mucha agua, pero en verano es mejor procurar riegos regulares, que vendrán bien a la floración. Morirá si las temperaturas bajan de 15 °C. Se multiplica por semillas que necesitan el sol para geminar, por lo que no se deben sembrar muy profundo. Los esquejes de las ramas también pueden enraizar fácilmente.

**Portulaca
thellusonii**

CURIOSIDADES. Algunas
variedades presentan
flores de distinto color
sobre el mismo pie de
la planta. Sus hojas y
tallos carnosos pueden
emplearse como verdura
en ensaladas o cocidas.

Praecereus saxicola

PRAECEREUS SAXICOLA

Praecereus saxicola

Familia: Cactaceae. **Subfamilia:** Cactoideae. **Tribu:** Cereeae. **Origen:** Paraguay, Bolivia, Argentina. **Hábitat:** regiones áridas y semiáridas de bosques subtropicales de Sudamérica. **Sinónimo:** *Monvillea saxicola.*

Características

Tallo: cactus de porte arbustivo, trepador, con tallos cilíndricos débiles, ramificados desde la base y la parte media. De color verde claro azulado de 1,5-3 cm de diámetro; pueden alcanzar los 2 m de longitud. Posee de 6-9 costillas redondeadas con areolas circulares, pequeñas pero prominentes y con lana corta blanca. **Espinas:** de 6-9 espinas radiales, delgadas, blancas con las puntas negras de 0,2-1,2 cm de largo y con 1-3 espinas centrales agudas; pueden estar algo curvadas, más largas que las radiales, de 1,5-2,5 cm de longitud. **Flores:** nocturnas que nacen de los tallos maduros. Tienen forma de embudo y pueden medir 12 cm de largo y 10 cm de diámetro, son de color blanco verdoso o rosa pálido. Lo tépalos externos son más verdosos y los interiores blancos; son largos, estrechos y lanceolados. En el centro se encuentran numerosos estambres crema con anteras doradas. El estigma, blanco, es lobulado. De las flores emana una fuerte y agradable fragancia. **Fruto:** de 3 cm de diámetro y 2,5-7 cm de largo, esféricos o alargados. Carnoso, de color rojo cuando madura. **Floración:** verano y otoño.

Cultivo. Es fácil de cultivar y tiene un crecimiento rápido. Crece bien a pleno sol, o bien si está suavemente filtrado. Da buenos resultados en un sustrato mixto de mantillo y arena para que drene bien. Aunque aprecia los riegos, conviene que sean moderados para evitar los encharcamientos. En invierno hay que mantener la planta seca y fresca a temperatura mínima de 8-10 °C. Puede tolerar temperaturas bajo cero, pero si se trata de circunstancias excepcionales. Necesita unos tutores o soportes para que el cactus trepe. Propagación por esqueje.

Praecereus saxicola

CURIOSIDADES. En maceta se puede tratar como colgante. Esta especie puede formar tallos monstruosos, es decir, deformes y crestados, y viceversa. De uno de esos tallos pueden surgir normales, lo que produce un efecto muy llamativo.

Puya coerulea
CHAGUALILLO

Familia: Bromeliaceae. **Subfamilia:** Pitcairnioideae. **Tribu:** Rhododendreae. **Origen:** Chile. **Hábitat:** laderas soleadas y rocosas, zonas clareadas de bosque montano, por encima de 1.400-2.200 m de altitud

Características

Tallo: planta perenne que crece en forma de gran rosetón suculento de color plateado. Puede alcanzar 1 m de alto y hasta 2 m de ancho. El tallo se ramifica desde la base con las hojas formando rosetas apicales. **Hojas:** esbeltas hojas verdes de 1 m de largo, gris blanquecinas. **Flores:** del centro del rosetón surge una inflorescencia en un tallo rígido de color rosado o rojizo, de 40-100 cm de longitud. El tallo está abundantemente ramificado y de cada rama nacen numerosas flores tubulares con un corto peciolo. Las flores tienen tres sépalos libres, tomentosos y más cortos que los tres pétalos, con estambres amarillos y estigma verde que destacan sobre el color azul oscuro, morado o púrpura de las flores. **Fruto:** cápsula ovoide o elíptica, dividida en gajos secos que albergan numerosas semillas. **Floración:** primavera y verano.

CULTIVO. Crece bien a pleno sol, aunque conviene protegerla del sol intenso del mediodía en verano. Resiste muy bien la sequía; requiere riegos moderados en los meses de más calor. Precisa un suelo mixto con materia orgánica y arena con buen drenaje.

Rebutia neocumingii

REBUTIA NEOCUMINGII.

Familia: Cactaceae. **Subfamilia:** Cactoideae. **Tribu:** Trichocereeae. **Origen:** Perú, Bolivia. **Hábitat:** áreas rocosas de la cordillera andina, entre 1.200-3.200 m de altitud.

Características

Tallo: globoso o algo cilíndrico, solitario de 20 cm de alto y 7,5-10 cm de diámetro. Presenta el ápice ligeramente deprimido. Es de color verde brillante con 16-18 costillas dispuestas en espiral y muy tuberculadas. Los tubérculos son cónicos y con areolas ovaladas en el ápice, de color blanco y muy lanosas. **Espinas:** muy numerosas. De 5-20 espinas radiales doradas con puntas más oscuras y de 1 cm de largo. Las centrales, de 2-8, son más largas, unos 2 cm y también doradas y marrones hacia la punta. **Flores:** varias flores emergen de las areolas cercanas al ápice. Pueden surgir cuatro flores por areola. Son acampanadas, de 2 cm de largo y 2,5 cm de diámetro, con pétalos lanceolados de color naranja, con garganta amarilla, estambres amarillo pálido y estigma naranja. Las flores permanecen abiertas de cinco a seis días.

Fruto: pequeño y globoso con semillas de color negro. **Floración:** primavera y verano.

Rebutia neocumingii

CULTIVO. Necesita una buena ventilación y conviene protegerla del sol directo en los días de más calor. Precisa un sustrato poroso con buen drenaje para impedir la retención de agua. Conviene proporcionarle riegos regulares en verano. Se propaga por semillas.

Sanseviera hyacinthoides

LENGUA DE SUEGRA, CÁÑAMO DE CUERDA

Sanseviera hyacinthoides

Familia: Asparagaceae. **Subfamilia:** Nolinoideae. **Origen:** Sudáfrica, Mozambique, Zimbabwe, Namibia. **Hábitat:** afloramientos rocosos y en bosques.

Características

Tallo: planta suculenta acaulescente, sin tallo, que crece a partir de rizomas gruesos. La planta, que puede alcanzar una talla de 1 m de altura, forma rosetas erectas integradas por 2-8 hojas. **Hojas:** lineares con forma de lengua larga y ápice muy agudo. De limbo plano, ligeramente ondulado, glabro y más o menos rígido. Más ancho hacia el centro disminuyendo hacia la base que acaba en un peciolo, que es corto y acanalado. Las hojas son de color verde oscuro con manchas horizontales y discontinuas de color verde más claro, y con márgenes amarillentos o rojizos. Miden de 0,4-1 m de largo y 4,5-10 cm de ancho. **Flores:** la inflorescencia surge de una larga vara floral que puede alcanzar 0,75-1 m de longitud. Las flores se disponen en panícula en la parte superior y son tubulares y muy finas, de color blanco verdoso o rosa pálido. Las flores miden 2,5-4 cm y cuando se abren los lóbulos se curvan hacia atrás dejando a la vista los estambres de anteras amarillas y el estilo de unos 2 cm de largo. **Fruto:** baya globosa, naranja y carnosa de 1 cm. **Floración:** se produce durante los meses de la primavera y el verano.

Cultivo. Se trata de una resistente planta de interior que prefiere una ubicación sombreada con suficiente luz. Evitar el sol directo, sobre todo en los meses de verano. El sustrato debe ser una mezcla de mantillo y compost con buen drenaje. Necesita riegos regulares. Se propaga bien por esqueje de hoja o división de los rizomas.

Curiosidades. El jugo o la infusión de sus rizomas y hojas se utiliza para tratar diversos dolores, como el de oídos, de muelas y de estómago. También se emplea para atajar la diarrea y calmar las hemorroides. De sus hojas se obtienen fibras para vestidos, cuerdas, redes, etc.

Sanseviera hyacinthoides

Sedum telephium

HIERBA CALLERA

Sedum telephium

Familia: Crassulaceae. **Origen:** Europa, desde Escandinavia hasta Pirineos, incluidas las Islas Británicas. **Hábitat:** en peñascales y entre rocas de laderas de montaña.

Características

Tallo: planta crasa, perenne, con numerosos tallos erectos que alcanzan 30-60 cm de alto. Los tallos son redondos, verdes, a veces algo rojizos, y desarrolla una raíz carnosa con pequeños tubérculos. **Hojas:** carnosas, numerosas, con peciolo corto, las superiores sésiles, y erectas. Ovado-elípticas, de limbo ancho y plano de 3 cm de ancho y 5 cm de largo de color verde pálido o azul verdoso, y con margen dentado. La disposición de las hojas en el tallo es alterna. **Flores:** en los ápices de los tallos se producen varias inflorescencias corimbosas con flores hermafroditas pequeñas de 5 mm de diámetro, color rosa oscuro con cinco sépalos y cinco pétalos. **Fruto:** conjunto de folículos pequeños. **Floración:** finales de primavera, verano.

Sedum telephium

CULTIVO. Se adapta bien a la luz directa con algo de sombra o a la sombra total con buena luminosidad. Es apta para jardín en exterior o maceta. Tolera la sequía y muchos tipos de suelo, aunque prefiere un sustrato fértil y es requisito imprescindible que tenga un buen drenaje. Requiere riegos moderados, uno cada dos o tres semanas, y en invierno solo uno al mes. Es también resistente al frío y puede superar heladas de -4 °C. Se propaga fácilmente por esquejes de hoja o tallo y también por división de la mata.

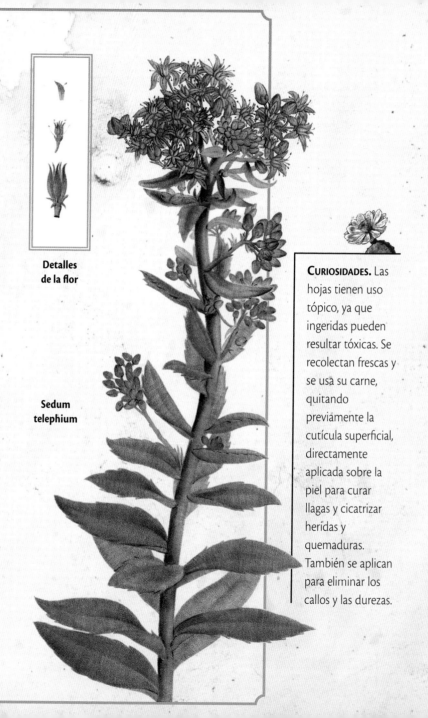

**Detalles
de la flor**

**Sedum
telephium**

CURIOSIDADES. Las hojas tienen uso tópico, ya que ingeridas pueden resultar tóxicas. Se recolectan frescas y se usa su carne, quitando previamente la cutícula superficial, directamente aplicada sobre la piel para curar llagas y cicatrizar heridas y quemaduras. También se aplican para eliminar los callos y las durezas.

Selenicereus grandiflorus

Selenicereus grandiflorus

REINA DE LA NOCHE

Familia: Cactaceae. **Subfamilia:** Cactoideae. **Tribu:** Hylocereeae. **Origen:** Cuba, Haití, Jamaica, Guatemala, Honduras, México. **Hábitat:** cactus epífito que crece sobre árboles y rocas de bosques tropicales, desde el nivel del mar a los 700 m de altitud.

Características

Tallo: cactus epífito de largos y finos tallos cilíndricos trepadores o, en su defecto, rastreros que pueden alcanzar los 9-12 m de longitud y 3 cm de diámetro. Presenta de 5-8 costillas no muy marcadas con pequeñas areolas lanosas. **Espinas:** pequeñas espinas radiales de 1 cm de largo muy agudas y de color pardo o gris. **Flores:** se abre durante la noche y surge en los lados de los tallos más jóvenes. Tiene forma de embudo y el largo tubo floral presenta abundante y larga vellosidad que sale de las axilas de las brácteas. Son las flores más grandes de la familia de las cactáceas: mide de 18-30 cm de largo y 25 cm de diámetro. Exhala un profundo aroma a vainilla, aunque solo dura una noche, pero brotan numerosos botones florales que salpican los tallos. **Fruto:** ovoide, de 8 cm de largo, de color rojo anaranjado y de pulpa carnosa que contiene de 4-5 semillas oscuras. **Floración:** mediados de verano.

CULTIVO. Crece bien al sol con semisombra o en la sombra luminosa. Necesita un riego regular en verano y ambiente húmedo, sobre todo en los dos primeros años de la planta. Precisa pasar un invierno seco y fresco con una temperatura media de 10-13 °C.

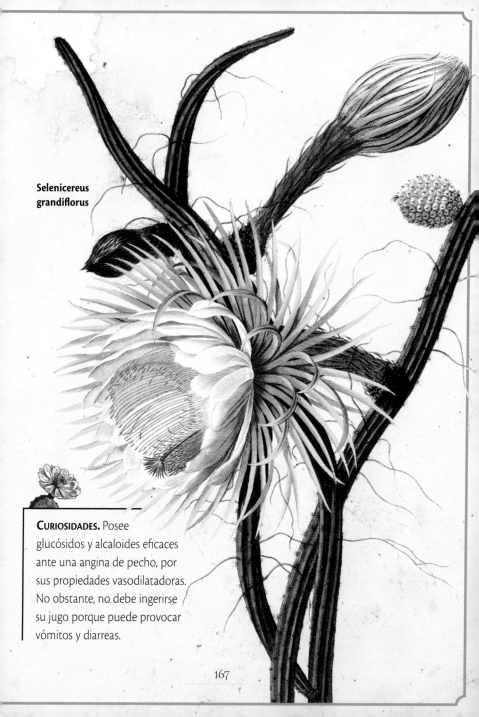

Selenicereus grandiflorus

CURIOSIDADES. Posee glucósidos y alcaloides eficaces ante una angina de pecho, por sus propiedades vasodilatadoras. No obstante, no debe ingerirse su jugo porque puede provocar vómitos y diarreas.

Sempervivum arachnoideum

SIEMPREVIVA DE TELARAÑAS

Familia: Crassulaceae. **Origen:** Europa central. **Hábitat:** áreas montañosas europeas desde los Cárpatos hasta los Pirineos.

Características

Tallo: pequeña planta suculenta estolonífera, que crece en varias rosetas densas y compactas, de porte pequeño; por lo general, 2-3 cm de diámetro y raramente llega a los 15 cm de altura, pero se extiende formando alfombras de 30 cm o más de diámetro. **Hojas:** cada roseta puede tener unas 50 o 60 hojas pequeñas ovadas con ápice acuminado, de 0,5-1 cm de largo, cuyas puntas están conectadas por una malla blanquecina parecida a una tela de araña. Las hojas son verdes, aunque pueden presentar una tonalidad rojiza. **Flores:** pueden pasar varios años hasta que se produce su primera floración. Entonces surge, del centro de la roseta, un largo vástago floral de unos 20 cm de largo, en cuyo extremo se agrupan 3-8 flores. **Fruto:** folículos que contienen pequeñas semillas ovoides de color marrón. **Floración:** verano y principio de otoño.

CULTIVO. Prefieren una ubicación exterior, tanto en jardín como en macetas, a pleno sol o a la sombra con buena iluminación. Necesita un suelo arenoso muy drenante con riegos regulares durante el verano, pero dejando secar el sustrato.

CURIOSIDADES. En invierno se deben espaciar mucho más los riegos. Pero esta planta resiste las bajas temperaturas invernales.

Sempervivum globiferum hirtum

SEMPERVIVUM GLOBIFERUM HIRTUM

Familia: Crassulaceae. **Origen:** Alpes, Cárpatos, Balcanes Occidentales, norte de Albania. **Hábitat:** laderas rocosas, suelos pedregosos de montaña. **Sinónimo:** *Jovibarba hirta*.

Características

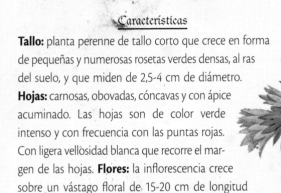

Tallo: planta perenne de tallo corto que crece en forma de pequeñas y numerosas rosetas verdes densas, al ras del suelo, y que miden de 2,5-4 cm de diámetro. **Hojas:** carnosas, obovadas, cóncavas y con ápice acuminado. Las hojas son de color verde intenso y con frecuencia con las puntas rojas. Con ligera vellosidad blanca que recorre el margen de las hojas. **Flores:** la inflorescencia crece sobre un vástago floral de 15-20 cm de longitud cubierto por brácteas verdes. Del ápice surge un ramillete de numerosas flores amarillo-verdosas, de cáliz y corola vellosos. Las pequeñas flores de 1 cm de diámetro están formadas por seis pétalos lanceolados y ciliados; 12 estambres de anteras amarillas y seis pistilos. **Fruto:** pequeños folículos cargados de semillas marrones. **Floración:** verano.

Cultivo. Le gusta el sol y prefiere un suelo permeable y fuerte, de contenido mineral. Es idónea para plantar en rocallas. Es muy resistente al calor y al frío.

Sempervivum globiferum

Curiosidades. Tras florecer, la roseta muere, pero la planta se propaga a través de sus estolones, de los que surgen nuevas rosetas.

Sempervivum tectorum

Sempervivum tectorum

BARBA DE JÚPITER

Familia: Crassulaceae. **Origen:** Europa: Pirineos, Alpes, Apeninos, Balcanes. **Hábitat:** paredes rocosas, suelos pedregosos de montañas. También se desarrolla en paredes de piedra, tejados, muros. Crece en terrenos situados hasta los 2.800 m de altitud.

Características

Tallo: planta perenne de tallo corto que emite estolones de los que crecen rosetas basales aplanadas, abiertas y densas, de 8-10 cm de diámetro y 5-8 cm de altura, que dan lugar a matas más o menos compactas. **Hojas:** obovadas, ligeramente espatuladas y de ápice mucronato, que miden 3-5 cm de largo y 1,5 cm de ancho. De color verde brillante y con las puntas rojizas. Superficie glabra o con una vellosidad ligera que recorre el margen entero de sus hojas. El jugo de sus hojas tiene un uso medicinal como calmante de quemaduras y para aliviar irritaciones de la piel. **Flores:** inflorescencias que nacen de una vara floral larga, de unos 20-40 cm, cubierta de brácteas largas, de unos 4 cm, y de color rosáceo. Las flores, de 10-40, se disponen como un ramillete en el ápice del vástago. **Frutos:** folículos con numerosas semillas oscuras. **Floración:** verano.

CULTIVO. Suelos ligeros y arenosos, bien drenados. En una posición soleada o semisoleada. Lleva bien la sequía y es resistente a las heladas. Necesita riego moderado en verano y escaso en invierno, pues tolera mucho mejor los inviernos secos que húmedos. Crece sobre grietas o rocallas que tengan algo de materia orgánica. Tolera los ambientes extremos, por lo que crece fácilmente en exteriores con muy poco mantenimiento. La planta es mococárpica, es decir, la roseta muere tras la floración y la maduración de las semillas, pero su desarrollo estolonífero permite que nuevas rosetas que arraigan muy fácilmente sustituyan a la vieja.

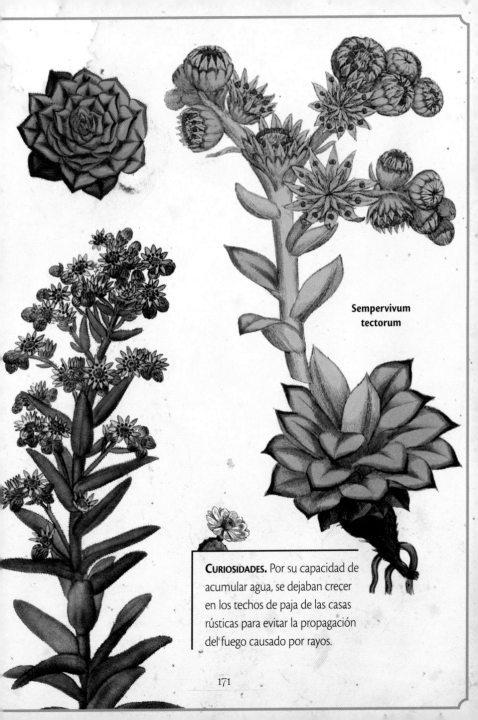

Sempervivum tectorum

CURIOSIDADES. Por su capacidad de acumular agua, se dejaban crecer en los techos de paja de las casas rústicas para evitar la propagación del fuego causado por rayos.

Stenocactus obvallatus

STENOCACTUS OBVALLATUS

Stenocactus obvallatus

Familia: Cactaceae. **Subfamilia:** Cactoideae. **Tribu:** Cacteae. **Origen:** Tamaulipas, Querétaro (México). **Hábitat:** laderas pedregosas y expuestas de las montañas mexicanas. **Sinónimo:** *Echinofossulocactus pentacanthus.*

Características

Tallo: cactus globoso y solitario, de pequeña talla, que se hace cilíndrico con el tiempo. De 10 cm de diámetro y 10-20 cm de alto. Es de color verde brillante con 27 costillas prominentes, estrechas y muy sinuosas, algo hinchadas en el punto donde se encuentran las areolas. **Espinas:** de 5-12 espinas en las que las superiores, tres o más, son de forma cónica y curvada hacia arriba y la central aplanada, ancha y larga, de unos 5 cm de largo, de color amarillo y rojo o marrón hacia la punta. Son muy agudas y robustas. Las inferiores, de 2-4, son más pequeñas, de 0,5-1 cm de largo, de color claro. **Flores:** unas 1-5 flores diurnas que crecen en el ápice de la planta. De 1-2 cm de largo y 3-4 cm de diámetro, tienen forma acampanada, los pétalo son lanceolados de color blanco o rosado con una línea media más oscura. Estambres y estigma son de color amarillo pálido. **Frutos:** produce pequeños frutos esféricos dehiscentes. **Floración:** tiene lugar en primavera.

Cultivo. Aprecia la exposición al sol directo, salvo en las horas y la época de más calor, en la que le conviene semisombra con mucha luz. Es resistente a la sequía, por lo que precisa un riego moderado (suficiente con una vez cada cuatro semanas). Es preferible que pase el invierno con una temperatura mínima de 5 °C y sin riegos. Le conviene un sustrato suelto que tenga un buen drenaje. Se propaga por semillas o por trasplante de hijuelos basales.

Stenocereus alamosensis

STENOCEREUS ALAMOSENSIS

Familia: Cactaceae. **Subfamilia:** Cactoideae. **Tribu:** Pachycereeae. **Origen:** Sinaloa, Sonora, Nayarit (México). **Hábitat:** matorral espinoso costero y bosque tropical caducifolio. Crece desde el nivel del mar hasta los 900 m.

Características

Tallo: cactus columnar ramificado desde la base que se extiende formando matorrales grandes que pueden alcanzar los 2-3 m de altura y extenderse 1-2 m de ancho. **Espinas:** de 8-11 espinas radiales y de 1-8 espinas centrales.
Flores: flores diurnas de 5-8 cm de largo y 3 cm de ancho. Son tubulares rosas o rojas que surgen a los lados de la zona apical. El tubo floral de unos 5 cm posee escamas con pelos o débiles espinas en sus axilas. Los pétalos se enrollan hacia fuera dejando a la vista los estambres y el largo estilo. Son polinizadas por colibríes. **Fruto:** globoso, de color rojo, de 3,5-5 cm de diámetro. Su superficie brillante está salpicada de escamas con largas espinas de 2 cm de longitud. La pulpa es comestible, dulce y de color anaranjado. **Floración:** primavera, verano.

Cultivo. A pleno sol o con sombra parcial. En un sustrato estándar para cactus con muy buen drenaje. Resiste temperaturas extremas y tolera la sequía. Las semillas empiezan a germinar antes incluso de ser diseminadas.

Stenocereus alamosensis

173

Thelocactus hexaedrophorus

THELOCACTUS HEXAEDROPHORUS

Familia: Cactaceae. **Subfamilia:** Cactoideae. **Tribu:** Cacteae. **Origen:** Tamaulipas, Nuevo León, San Luis (México). **Hábitat:** zonas de matorral espinoso y planicies de áreas desérticas. Crece sobre los 1.00-2.300 m de altitud.

Características

Tallo: cactus de tallo solitario, globoso con la parte superior aplanada, de color verde ceniciento, de unos 8-15 cm de diámetro y 3-8 cm de altura. Presenta 8-13 costillas muy tuberculadas. **Espinas:** de 4-8 espinas radiales de 0,5-6 cm de largo, robustas, cónicas y abiertas, de color anaranjado. Las centrales suelen estar ausentes o presentar una de 1,5-2,5 cm de largo de color marrón rojizo. **Flores:** 1-2 flores que crecen en el ápice de la planta, grandes, con numerosos pétalos lanceolados de color blanco satinado o rosado pálido, estambres y estigma lobulado de color amarillo, miden de 5-10 cm de diámetro. **Fruto:** globoso, de 1 cm de diámetro, color magenta y seco cuando madura. **Floración:** primavera.

Cultivo. Crece muy lentamente, aunque es fácil de cultivar al sol con sombra parcial. Requiere un sustrato con buen drenaje. Necesita riegos regulares desde primavera al otoño, pero evitando la acumulación de humedad. El invierno lo pasa en un ambiente seco y fresco con una temperatura media que no descienda de los 5 °C, aunque puede soportar alguna helada puntual de -7 °C. Se propaga mediante siembra de semillas, ya que es raro que emita vástagos basales.

Tillandsia geminiflora

TILLANDSIA GEMINIFLORA

Familia: Bromeliaceae. **Subfamilia:** Tillandsioideae. **Origen:** Brasil, norte de Argentina, Paraguay, Uruguay. **Hábitat:** bosques húmedos subtropicales.

Características

Tallo: planta epífita sin tallo, de 12-20 cm de alto, cuyas hojas se disponen formando rosetas densas de color verde brillante. **Hojas:** semisuculentas, de 10-25 cm y hasta 60 cm de largo, son sésiles de limbo suave y maleable, lanceoladas y acuminadas con el margen levemente aserrado. **Flores:** del centro de la roseta surge una vara floral erecta o curva, el escapo, de 6-15 cm de largo, con una inflorescencia en racimo que parte del ápice. Las flores son tubulares de color magenta con brácteas rojas, curvadas y acuminadas que llegan a ser tan largas como las hojas. **Fruto:** cápsulas con semillas plumosas que se dispersan con el viento. **Floración:** primavera.

Tillandsia geminiflora

CULTIVO. Plantas de interior que necesitan máxima luz evitando el sol directo. Deben fijarse hasta que emita raíces y se fije por sí sola. Pueden resistir varios días de sequía, pero necesitan cierta humedad constante. Aguantan un amplio rango de temperatura de 10 a 30 °C. No soportan el frío intenso.

Tillandsia stricta

TILLANDSIA STRICTA

Familia: Bromeliaceae. **Subfamilia:** Tillandsioideae. **Origen:** Venezuela, Argentina. **Hábitat:** bosques húmedos subtropicales desde el nivel del mar hasta 1.700 m de altitud.

Características

Tallo: planta epífita de tallo corto, de 12 cm de alto 12-15 cm de diámetro, tiene un crecimiento en rosetas densas pero abiertas de color verde brillante a glauco. **Hojas:** largas y estrechas algo carnosas y duras, de 7-10 cm de largo, son sésiles de limbo triangular de color verde grisáceo cuyos bordes adquieren tonos rojizos si se expone al sol. Poseen tricomas en su superficie. Las hojas tienen una disposición imbricada de forma que las rosetas se van superponiendo y la planta va creciendo. **Flores:** del centro de la roseta surge la inflorescencia erecta, de 4-8 cm de largo, con un racimo de flores en el ápice. La vara floral y las brácteas son de color magenta brillante. Las flores son pequeñas, tubulares, con tres sépalos y tres pétalos de color azul, suave o intenso. **Fruto:** cápsulas con semillas plumosas que se dispersan con el viento. **Floración:** primavera.

Tillandsia stricta

CULTIVO. Planta recomendada para un cultivo de interior, aunque puede ubicarse en el exterior en ambientes templados cuya temperatura no descienda por debajo de los 15 °C. Evitar el sol directo; lo que sí precisa es mucha luz. Crece sobre superficies orgánicas, macetas con corteza y musgo, troncos, planchas de madera. También se pueden colgar al aire. No soporta el frío intenso.

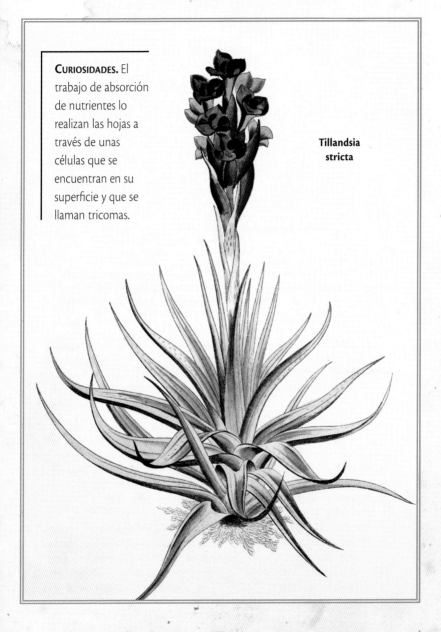

CURIOSIDADES. El trabajo de absorción de nutrientes lo realizan las hojas a través de unas células que se encuentran en su superficie y que se llaman tricomas.

Tillandsia stricta

Yucca sp.

ESPECIES DE YUCCA

Familia: Asparagaceae. **Subfamilia:** Agavoideae. **Origen:** América del Norte y Centroamérica. **Hábitat:** terrenos secos y arenosos de las regiones áridas y cálidas de Norteamérica y Centroamérica.

Características

Tallo: son plantas perennes, por lo general arbustivas con un tallo de diversas longitudes. Las hojas se disponen en rosetas densas. **Hojas:** son largas, lanceoladas, puntiagudas y con cierta rigidez. Los márgenes son enteros, finamente dentados o con fibras deshilachadas. **Flores:** las inflorescencias surgen de una espiga floral con las flores reunidas en panículas. Suelen ser pendulares, acampanadas y de color blanco o crema. **Fruto:** cápsula carnosa verde, seca al madurar y dehiscente, con semillas negras, aplanadas con forma de media luna rodeadas de una pequeña ala que ayuda en su dispersión. **Floración:** en primavera y verano.

Yucca aloifolia

CULTIVO. Les gustan los suelos sueltos, arenosos, en una ubicación soleada o con sombra parcial. En maceta y en interiores necesita una buena luminosidad. Aguanta la escasez de agua, por lo que solo precisa riegos moderados, una vez cada 20 días. Su rango de temperaturas está entre los 36-15 °C, aunque soporta bastante bien temperaturas más bajas. Se multiplican por semillas o esquejes de raíz o de tallo.

Yucca aloifolia
BAYONETA ESPAÑOLA

Su tronco puede alcanzar 9 m de altura y estar ramificado. La roseta se compone de numerosas hojas largas, lanceoladas, que miden entre 50 y 70 cm de largo y son de color verde intenso, con alguna banda amarilla. Su ápice puede terminar en una espina. Las inflorescencias se disponen en una panícula apical y las flores péndulas tienen seis tépalos de color crema con tintes púrpuras. Miden 2,5-4,5 cm de largo. Necesita una exposición directa al sol con un suelo bien drenado. Es sensible a las temperaturas por debajo de los 10 °C.

Yucca flaccida
YUCCA FLACCIDA

**Yucca
flaccida**

Roseta acaulescente, de 0,90 cm de largo y 1,5 m de ancho. Las hojas son largas estrechas, lanceoladas, de color verde oscuro y de 40-80 cm de largo y 1-5 cm de ancho. Con margen entero y ápice espinoso. Nacen erectas y luego se doblan. La inflorescencia mide 1,20 m, en cuyo ápice surge una panícula de numerosas flores péndulas que tienen forma de campana con tépalos separados de 6 cm de largo. Son de color blanco-crema. Debido su tamaño más pequeño, esta especie puede cultivarse en macetas.

Yucca glauca
YUCCA GLAUCA

Esta especie puede formar rosetas sin tronco o presentar un tronco corto y postrado de 30-40 cm de altura. Hojas rígidas y estrechas de 20-90 cm de longitud y 0,6-1,3 cm de ancho; son de color verde ceniciento y margen blanquecino. Con una espiga floral larga que mide entre 1-1,8 m. Las flores cuelgan de su ápice. Tienen forma acampanada, de 1,5-2,5 cm de largo. Son de color blanco verdoso y exhalan una suave fragancia. Esta especie es la más resistente al frío porque puede sobrevivir a heladas severas.

**Yucca
glauca**

Yucca gloriosa
DAGA ESPAÑOLA

Esta yuca presenta un robusto tallo que suele estar ramificado desde la base y tiene las cicatrices de las hojas más antiguas que va perdiendo. Puede alcanzar 1-2,5 m de altura. Las hojas se disponen alternas formando rosetas de denso follaje alrededor del tallo. Las hojas son largas, linear-lanceoladas, de 30-50 cm de largo y 7,5-8 cm de ancho, algunas erectas y otras dobladas hacia la mitad. De color verde, glauco en las hojas jóvenes, con borde amarillo en algunas variedades y margen ligeramente aserrado. La inflorescencia surge entre las hojas y la espiga puede alcanzar 1-2 m de longitud. Las flores son colgantes, acampanadas de color crema con tintes rosados, miden entre 4 y 5 cm de largo. Le gusta el sol y los riegos escasos y espaciado. Es sensible a las temperaturas por debajo de los 10 °C.

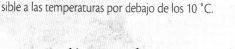

Yucca treculeana
YUCCA TRECULEANA

Con porte arboresente y un tronco grande con algunas ramificaciones. Puede alcanzar tallas de 2-7 m de altura. Las hojas dispuestas en corona al final de las ramas son gruesas, largas, erectas y lanceoladas con un agudo ápice. Miden entre 30-120 cm de largo y 1-7 cm de ancho. Son de color verde azulado. El margen entero presenta numerosas fibras y filamentos de color marrón. La inflorescencia que surge de entre las hojas mide entre 1-1,5 m. En la parte superior las flores de color blanco cremoso cuelgan como campanas. Presenta una buena tolerancia al frío, e incluso resiste las heladas severas.

Yucca
gloriosa

CURIOSIDADES. Las yucas tienen numerosos usos. Sus flores son comestibles si se cocinan. Con las fibras de las hojas se elaboran cuerdas, cestas y diversos capazos.

ÍNDICE